STADTFÜHRER

FRIEDBERG

Michael Keller

Dieser Stadtführer ist dem langjährigen Bürgermeister und Kulturdezernenten Friedbergs, Dr. Ludwig Fuhr, gewidmet. In den 18 Jahren seiner Amtszeit von Januar 1976 bis Januar 1994 setzte er in Kultur, Geschichte und Kunst wesentliche und über den Tag hinausreichende Akzente.

Burgtor zur Stadt hin.

Inhalt

St. Alban
im Scheitel des Torbogens,
Kaiserstraße 120.

Fast alle Wege führen nach Friedberg

Ob Sie mit dem PKW über das Frankfurter Kreuz, der meistbefahrenen Straßenkreuzung Europas, nach Friedberg fahren oder mit der S-Bahn oder dem Interregio von Frankfurt-Hauptbahnhof, dem größten Bahnhof der Bundesrepublik, kommen, immer wird Ihnen rund 30 Kilometer hinter Rhein-Main-Airport, dem größten Flughafen des Kontinents, und vorbei an den Wolkenkratzern Frankfurts durch die große Verkehrsdichte schon bewußt geworden sein: Diese Stadt gehört zum Rhein-Main-Gebiet, einem der wachstumsstärksten Gebiete Europas.

Nähern Sie sich Friedberg, durchmessen Sie noch über einige Kilometer die Äußerungen des wirtschaftlichen Booms wie des Bevölkerungsdrucks auf die Region in Gestalt von Einfamilienhausteppichen und neuen Gewerbegebieten, unterbrochen von alten Ortskernen. Dann hebt sich vor Ihnen auf einem Höhenrücken die erste größere Ansiedlung aus der flachen Ebene der »Goldenen Wetterau« hervor. Nein, das ist mehr als nur eine Ansiedlung. Vor sich sehen Sie die erste richtige Stadt nördlich Frankfurts. Oberhalb der Neubaugebiete zieht sich eine langgestreckte Altstadt und eine Burganlage entlang. Aus dem Häusergewirr der Altstadt und über den Baumwipfeln der Burg erheben sich das Wahrzeichen der Stadt, der Adolfsturm in der Burg, und – nicht weniger imposant – Turm und Dachlandschaft der Stadtkirche, weit außerhalb ist der kantige Wartturm auf dem Standort der einstigen Mainzer Warte zu sehen.

Je nach Einfahrt auf einer der drei Bundesstraßen, die Friedberg durchziehen, oder entspannter mit S-Bahn oder Interregio, stoßen Sie auf die mächtigen Silotürme einer stillgelegten Zuckerfabrik, auf das weiträumige Kasernengelände der Ray Barracks wie auf den großen Bahnhof, oder umfahren eine der größten Burganlagen Deutschlands und erreichen immer eine überaus breite und langgezogene, von verschieferten Fachwerkhäusern gesäumte Markt- und Geschäftsstraße. Die Stadt zeigt sich auf den ersten Blick in einer faszinierenden und vielfältigen Mischung aus Vergehendem, Aktuellem und Zukünftigem.

Auf diesen Hauptrouten durch die Stadt herrscht überall geschäftiges Treiben. Täglich sind Tausende Menschen in dieser Stadt unterwegs: Ein- und Auspendler, Studenten der Fachhochschule, deutlich weniger amerikanische Soldaten als noch vor einigen Jahren, Schüler und Auszubildende, Einkaufspendler, Einwanderer wie Stadtstreicher.

Friedberg ist in seinem Kern eine quirlige, vielfältige Stadt, die städtischer ist, als es seine 17000 Einwohner in der Kernstadt und seine mehr als 26000 Einwohner insgesamt vermuten lassen. Übrigens eine Zahl, die es erst mit der Gebietsreform von 1972 durch die fünf neuen Stadtteile Bauernheim, Bruchenbrücken, Dorheim, Ockstadt und Ossenheim erreicht hat.

Friedberg ist eine regionale Metropole, oder wie es in der Sprache der Planer heißt, ein Mittelzentrum mit Oberzentrumfunktionen, und dies aus seiner Geschichte wie aus seiner Gegenwart heraus. Diese Stadt ist seit mehr als 150 Jahren Kreisstadt, damit Sitz vieler Behörden und der Kreisorganisationen der Parteien, der Industrie- und Handelskammer, des DGB und mehrerer Einzelgewerkschaften.

Friedberg ist die Bankenstadt der Wetterau. Hier finden sich die Hauptsitze der großen regionalen Geldinstitute und die Vertretungen mehrerer Banken. Und nicht zu vergessen: Friedberg zählt die meisten Arbeitsplätze und ist die weitaus stärkste Einkaufsstadt im Wetteraukreis.

Seit dem letzten Jahrhundert ist Friedberg eine Stadt der Schulen. Was klein anfing, hat heute gewaltige Größenordnungen erreicht: So entwickelte sich in den letzten Jahren das einstmals überschaubare Polytechnikum zum

mehr als dreitausend Studenten und Studentinnen zählenden Standort der Fachhochschule Gießen-Friedberg.

Friedberg ist aber auch einfach Stadt, und zwar dort, wo es sich bei allen Veränderungen Tradition und Eigenleben bewahrt hat, mit lebhaftem Vereinsleben und einem Kulturbetrieb, der sich an die Erfordernisse der Gegenwart angepaßt hat. Kultur in Friedberg stellt sich heute in einer Mischung aus historischem Erbe und lebendiger Gegenwart dar. Noch immer prägen die Bauten des späten Mittelalters das Bild der Stadt, mit der Burganlage, der Stadtkirche und der Kaiserstraße. Dazu trat – verstärkt seit den siebziger Jahren – eine lebendige und gegenwärtige Kultur in Einrichtungen wie Wetterau-Museum und Bibliothekszentrum im Klosterbau, im Burggarten und Stadthalle, wie in der Galerie des Kunstvereins Friedberg und den Galerien auf der Görbelheimer Mühle und in all den Vereinen und Initiativen in Friedberg und den Stadtteilen, die sich gleichgültig, ob sie sich mit Musik, Volksbildung, Theater oder Geschichte befassen, mit ihrem Angebot einem breiten Publikum stellen.
Friedberg zeigt sich heute als eine Stadt mit regionaler

Kompetenz aus der Vielfalt ihrer Angebote; Friedberg ist eine gefragte Stadt mit eminenten Zukunftschancen.
Haben wir Sie neugierig gemacht, wollen Sie mehr darüber wissen, was sich hinter den Fassaden gestern und heute abgespielt hat? Dann blättern Sie bitte weiter, auf den folgenden Seiten erfahren Sie noch mehr über diese Stadt und ihr Umland.
Wir sagen Ihnen, wo was in Friedberg zu finden ist, was man hier unbedingt sehen muß und was man von dieser Stadt wissen sollte. Dabei berichten wir nicht nur von den guten Tagen dieser Stadt, sondern machen auch um die dunklen Seiten in ihrer Geschichte keinen Bogen.
Eine Besonderheit zuallerletzt – bei der Vorstellung von dem, was man sich unbedingt anschauen sollte, geben wir den Bauten, die erst in den letzten Jahren interessant geworden sind, mehr Raum als den Gebäuden, die Sie in jedem Kunstführer nachlesen können. Und da dies der erste Stadtführer dieser Art für Friedberg ist, bitten wir an dieser Stelle schon um Nachsicht, wenn wir etwas übersehen oder vergessen haben sollten. Für Verbesserungsvorschläge und Hinweise sind wir dankbar.

Rufen Sie uns an oder schreiben Sie an:
Michael Keller
im Bibliothekszentrum Klosterbau
Augustinergasse 8
61169 Friedberg (Hessen)
Tel. 06031/88261 oder 88216
Fax 06031/18396.

Kleine Friedberger Enzyklopädie in Stichworten

Der Name Friedberg

»Der Name Friedberg bezeichnet einen durch eine Burganlage geschützten, befriedeten Berg. »Des Friedens Berg« hat Carl Zuckmayer in einem Gedicht an seinen Freund, den 1982 verstorbenen Friedberger Dichter Fritz Usinger, den Namen dieser Stadt umschrieben. Sollte das bei Tacitus, Annalen I, 56, genannte castellum in monte tauno, das ein Römerkastell 15 n.Chr. im Aufmarschgebiet des Germanicus gegen die Chatten bezeichnet, das Kastell auf dem Friedberger Burgberg sein, dann hätte der markante Hügel bereits damals diesen Namen getragen, denn keltisch taun bedeutet ebenfalls Umfriedung. Es ist unser Wort Zaun oder englisch town ... Allerdings ist der archäologische Befund nach neuesten Erkenntnissen nicht so eindeutig mit den Ereignissen des Jahres 15 n.Chr. in Verbindung zu bringen«, so Hans Wolf, der Vorsitzende des Friedberger Geschichtsvereins, zu dieser überaus spannenden Kontroverse zwischen Archäologen und Philologen in seinem historischen Überblick im Bildband »Friedberg in der Wetterau« von 1984. Sollten die Philologen Recht behalten, könnte Friedberg im Jahre 2015 seine 2000-Jahrfeier begehen.

Wirtschafts- und Verwaltungszentrum

Friedberg ist seit 1972 Kreisstadt des Wetteraukreises, davor von 1834 bis 1971 Kreisstadt des Kreises Friedberg. Bundesland Hessen – Autokennzeichen FB – Postleitzahl 61169 – Telefonvorwahl 06031.

Stadtwappen

Ein schwarzer doppelköpfiger Reichsadler mit einem schwarzsilbernen Brustschild auf goldenem Grund.

Geographische Lage

Geographisch gehört Friedberg zum Kerngebiet der Wetterau, der ebenen bis leichtwelligen Lößlandschaft mit Höhen von 140 bis 170 Metern mit besten Ackerböden. Die westlichen Gemarkungsteile des Friedberger Burgwaldes greifen über in den Hohen Taunus. Der Sockel der Stadtkirche inmitten der Stadt liegt

159 Meter hoch, der Steinkopf im Taunus bildet die höchste Erhebung mit 518 Meter. Das heutige Stadtgebiet umfaßt eine Fläche von 50,18 qkm.

Bevölkerung

Einwohnerzahl: 26.371
Kernstadt 16.935
Bauernheim 725
Bruchenbrücken 1.886
Dorheim 2.539
Ockstadt 3.306
Ossenheim 1.080
(Stand 31. 12. 1992)
ev. 13.051 – kath. 7.313
(Stand 31. 12. 1991)
Männer 12.274
Frauen 12.775
(Stand 30.6.1992)
Nichtdeutsche 10,4 %

Stadtteile

Über die Jahrhunderte waren Stadt und Burg als Freie Reichsstadt bis 1803 bzw. als Kaiserliche Burg bis 1806 selbständige politische Einheiten. Nach dem Verlust der Souveränität der beiden Einheiten durch den Anschluß an das Großherzogtum Hessen am Anfang des 19. Jahrhunderts wurde 1834 die Burg mit der Stadt vereinigt. Eingemeindet wurden 1901 Fauerbach, 1972 – im Rahmen der hessischen Gebietsreform – die jetzigen Stadtteile Bauernheim, Bruchenbrücken, Dorheim, Ockstadt und Ossenheim.

Verwaltung

Die wahlberechtigten Bürger Friedbergs wählen derzeit 37 Stadtverordnete in die Stadtverordnetenversammlung sowie die Mitglieder der Ortsbeiräte für die Kernstadt und die fünf Stadtteile. Die Stadtverordnetenversammlung wählt ihrerseits den Magistrat als politische Führung der Verwaltung. Der Magistrat setzt sich zusammen aus dem hauptamtlichen Bürgermeister und dem Ersten Stadtrat sowie derzeit sieben weiteren ehrenamtlichen Stadträten und Stadträtinnen. Unabhängig von der Wahlperiode der Stadtverordnetenversammlung werden die beiden hauptamtlichen Magistratsmitglieder für jeweils sechs Jahre gewählt: der Bürgermeister ab 1993 in Direktwahl von den Bürgern, der Erste Stadtrat von der Stadtverordnetenversammlung. Die beiden hauptamtlichen Magistratsmitglieder sind als Dezernenten jeweils für bestimmte Sachgebiete in der Verwaltung zuständig.

Wirtschaft

Friedberg weist mit 417 Beschäftigten je 1000 Einwohner den höchsten Beschäftigtensatz unter den Städten und Gemeinden des Wetteraukreises auf. Als Kreisstadt bietet Friedberg eine Vielzahl von Arbeitsplätzen im Landrats-

Portal des Alten Rathauses, Kaiserstraße 21.

amt, den Oberhessischen Versorgungsbetrieben (OVAG), im Amtsgericht, bei der Sparkasse und den Banken, IHK, Handwerkskammer und Gewerkschaften, bei den Parteien und Verbänden, den Schulen und im Einzelhandel, in Industrie, Handwerk und Handel an.

Mittelständisch und breit gestreut ist die Gewerbestruktur, die sich nicht durch Größe oder Monopol, sondern durch Vielfalt in Handwerk, Industrie und Handel auszeichnet. Diese Aussage gilt auch für den Dienstleistungsbereich. Die heutige Bandbreite reicht von vor mehr als hundertfünfzig Jahren gegründeten Unternehmen, wie der Schreinerei Jordis und dem Bauunternehmen Morschel, über die Lackfabrik Megerle, die in den siebziger Jahren des vorigen Jahrhunderts gegründet wurde und heute Deutschlands Marktführer für Spiegellacke ist, bis hin zu den Neuansiedlungen der letzten Jahre – darunter die Deutschlandniederlassungen des japanischen Autoherstellers Subaru und des japanischen Hifi- und Video-Herstellers JVC.

Unter den Einkaufsstädten des Wetteraukreises besitzt Friedberg die weitaus stärkste Anziehungskraft auf Käufer. Diese Aussage gilt insbesondere für das breite Angebot an Waren des gehobenen Bedarfs. Der Friedberger Einzelhandel findet sich konzentriert auf der Kaiserstraße sowie – im Angebot allerdings deutlich unterschieden – in den beiden Gewerbegebieten an der südlichen und nördlichen Einfahrt nach Friedberg. Der Kaufkraftindex für Friedberg betrug 1990 99,3, zum Vergleich für den Wetteraukreis 99,5, für Hessen 100, für den Hochtaunuskreis 139,8 und den Vogelsbergkreis 79,6.

Bildung

Friedberg ist bis heute eine Stadt der Schulen und der Ausbildung.

An der Fachhochschule Gießen-Friedberg in der Wilhelm-Leuschner-Straße bieten 96 Professoren und Professorinnen Lehrveranstaltungen für derzeit 3157 Studenten und Studentinnen in den fünf in Friedberg ansässigen Fachbereichen Mathematik, Naturwissenschaften und Datenverarbeitung, Sozial- und Kulturwissenschaften, Elektrotechnik, Wirtschaftsingenieurwesen und Produktionstechnik sowie Maschinenbau, Gießerei- und Werkstofftechnik an.

Im Theologischen Seminar der Evangelischen Kirche für Hessen und Nassau, zwischen Burg und Kaiserstraße gelegen, bilden zwei Professoren und eine Professorin zweimal jährlich je 25 Vikare und Vikarinnen nach dem Universitätsstudium für die praktische Tätigkeit in der Gemeinde in Seelsorge, Predigt, Gottesdienstgestaltung und Religionspädagogik aus. Eine seit 1837 in Friedberg an dieser Stelle bestehende wichtige kirchliche Station auf dem Weg in die gemeindliche Praxis.

Friedberg verfügt als »Stadt der Schulen« über ein umfangreiches und vielfältiges Schulangebot mit wohnortnahen Grund-, Haupt- und Realschulen mit Förderstufen, Sonderschulen für Lernbehinderte und praktisch Bildbare, einer additiven Gesamtschule und zwei Gymnasien, der Augustinerschule mit den Klassen 5-13 und dem Burggymnasium mit einer gymnasialen Oberstufe (11-13). Im berufsbildenden Bereich ist die Stadt Standort der Johann-Philipp-Reis-Schule, die als Gewerbliche Berufs- und Berufsfachschule einen Großteil der Berufsschulplätze im Wetteraukreis anbietet, sowie der Wingertschule, einer Berufsschule für Sozialpädagogik.

Überregional wirken die Johannes-Vatter-Schule als Schule für Gehörlose in Hessen und die Joh.-Peter-Schäfer-Schule als Zentralschule für Blinde und Sehbehinderte.

Breit ist auch die Palette im Bereich der Einrichtungen der Erwachsenenbildung mit Kreisvolkshochschule, DAG-Bildungszentrum Mittelhessen, den Meisterkursen im Haus des Handwerks wie einer kreisweiten Einrichtung der beruflichen Rehabilitation, der Behindertenhilfe Wetterau e.V.

Die musikalische Erziehung wird von der Musikschule Friedberg e.V. getragen.

Landwirtschaft

Die zumeist erstklassigen Böden innerhalb der Friedberger Gemarkung werden hauptsächlich für den Anbau von Getreide, Körnermais, Hackfrüchten wie der Zuckerrübe intensiv genutzt, kaum Grünland.

Wald

Stadteigener Wald in größerem Umfang von 8,8 qkm findet sich – übergehend in die Taunuswälder – hinter Ockstadt und östlich von Ossenheim mit dem Ossenheimer Wäldchen, einem Rest der ursprünglichen Bewaldung der Wetterau mit Buchenwäldern.

Klima

Es finden sich milde Klimaverhältnisse bei einem jährlichen Niederschlag von 550 bis 600 mm, einem Temperatur-Jahresmittel von 9° C und einer geschlossenen Schneedecke an weniger als 30 Tagen im Jahr vor.

Flora und Fauna

Eine Besonderheit sind die großen, inzwischen kaum noch genutzten Streuobstwiesen des »Ockstädter Kirschenbergs«, des »Bauernheimer Roten Bergs« und des »Wingerts bei Dorheim«. Das milde Klima begünstigt in diesen bevorzugten Lagen den inzwischen allerdings stark zurückgegangenen kommerziellen Obstanbau. Im Bereich des Ockstädter Kirschenbergs findet sich einer der ältesten und dicksten Speierlinge der Welt. Der »Dicke von Ockstadt«, wie der Volksmund den über 200 Jahre alten Baum nennt, gehört mit einem Durchmesser von 130 Zentimetern zu den prächtigsten Exemplaren einer Baumart, von denen es in Deutschland nur noch zwischen 3500 und 4500 Exemplare gibt. Der Speierling ist besonders erhaltenswert, weil der Saft aus seinen Früchten den Apfelwein klärt, dessen Geschmack verfeinert und größere Haltbarkeit verleiht. Dazu benötigt wird er jedoch kaum noch, weil chemische Stoffe die Natur ersetzt haben.
Die Talaue der Wetter gehört zum Auenverbund Wetterau.

Mineralbrunnen

Auf Dorheimer Gemarkung werden mehrere Mineralwasservorkommen gewerblich genutzt; zu dem Sauerbrunnen zwischen Schwalheim und Dorheim besteht seit alters her ein verbrieftes Zugangsrecht der Friedberger Bevölkerung, verbunden mit dem Recht, Wasser in haushaltsüblichen Mengen kostenlos an der barocken Quellfassung zu zapfen.

Gesteine

In Friedberg lassen sich die drei die Landschaft prägenden Gesteine am besten an den großen Bauwerken sehen. Die Stadtkirche wie das Judenbad sind in ihren alten mittelalterlichen Partien aus einem Sandstein erbaut, der in der östlichen Wetterau nahe dem Dorfe Bellmuth abgebaut wurde. Beim Bau des Adolfsturms in der Burg griffen die Bauherren auf den dort an der Nordseite anstehenden vulkanischen Basalt zurück. Ebenfalls aus Basalt, aber auch aus dem im nahen Taunus anzutreffenden Quarzit, besteht das alte Pflaster der Kaiserstraße, insbesondere in den heute als Parkflächen genutzten Seitenstreifen. Die alten Bürgerhäuser an der Kaiserstraße sind dagegen aus Materialien erbaut, die entweder wie der Lehm in Friedberg selbst gefördert wurden oder wie das Holz aus den umliegenden waldreichen Mittelgebirgslandschaften herangebracht wurden.

Wichtige Bücher und Aufsätze

Soweit nicht anders angegeben, sind die Publikationen in den Friedberger (FGBL) und Wetterauer Geschichtsblättern (WGBL) erschienen, die vom Friedberger Geschichtsverein seit 1909 bzw. 1952 herausgegeben werden. Alle Publikationen sind im Bibliothekszentrum Klosterbau ausleihbar oder erhältlich.

Vorgeschichte, Provinzialrömische Zeit und Frühmittelalter:

Fritz-Rudolf Herrmann, Die Friedberger Gemarkung in urgeschichtlicher Zeit (WGBl 15/1966),

Hans Schönberger, Friedberg in römischer und fränkischer Zeit (WGBl 15/1966),

Vera Rupp (Hg.) »Archäologie der Wetterau-Aspekte der Forschung« (WGBL 40/1991).

Von der Gründung von Burg und Stadt Friedberg bis zum Ende des Alten Reichs 1803 bzw. 1806:

Übergreifend: *Volker Press, Friedberg – Reichsburg und Reichsstadt im Spätmittelalter und in der Frühen Neuzeit* (WGBl 35/1986),

Fritz H. Herrmann, Die Ordnung der Usergässer – Zugleich ein Beitrag zur Wehrverfassung Alt-Friedbergs (FGBl 14/1939-1942),

Reimer Stobbe, Die Stadt Friedberg im Spätmittelalter – Sozialstruktur, Wirtschaftsleben und politisches Umfeld einer kleinen Reichsstadt, Darmstadt und Marburg 1992

Thomas Schilp, Die Reichsburg Friedberg im Mittelalter, (WGBl 31/1982)

Klaus-Dieter Rack, Die Burg Friedberg im Alten Reich, Darmstadt 1988

19. und 20. Jahrhundert:

Michael Keller, Heinrich Busold – Ein Sohn des Volkes will ich sein. Sozialdemokratie in einer ländlichen Klassengesellschaft. in: Ders. und Herfried Münkler (Hg.), Die Wetterau – Landschaft zwischen Tradition und Fortschritt, 1990,

Herfried Münkler, Machtzerfall – Die letzten Tage des Dritten Reiches dargestellt am Beispiel der hessischen Kreisstadt Friedberg, Berlin 1985,

Hans-Helmut Hoos, »Im Vordergrund steht immer das Sichtbare«. Aspekte zur Rekonstruktion der Geschichte der jüdischen Gemeinde und der Juden in Friedberg (WGBl 38/1989),

Johannes Kögler, Das »neue« Friedberg – Stadtentwicklung und öffentliches Bauen in der Kreisstadt 1950-1989 (WGBl 38/1989).

Geschnitzter Rähm eines Fachwerkhauses der Altstadt.

Zum hundertjährigen Bestehen des Friedberger Geschichtsvereins 1996 ist die Herausgabe einer »Geschichte Friedbergs – Von den Anfängen bis zur Gegenwart« vorgesehen.

Noch Fragen offen?

Amt für kulturelle Angelegenheiten der Stadt Friedberg im Wetterau-Museum, in direkter Nähe zur Stadtkirche – Eingang Haagstr. 16,
61169 Friedberg (Hessen),
Tel. 06031/88215 oder 88261,
Fax 06031/18396.
Postanschrift: Postfach 100964,
61149 Friedberg (Hessen).

Römer, Ritter, Reichsstädter – Stadtgeschichte in Kurzform

Irgendwann im sechsten Jahrtausend v. Chr. muß ackerbautreibenden Menschen die zentrale, verkehrsgünstige und gleichzeitig Schutz bietende Lage des die Wetterau überragenden Basaltrückens bewußt geworden sein. Seit dieser Zeit wird auf dem heutigen Stadtgebiet mit kleineren und größeren Unterbrechungen gesiedelt.

Ob Friedberg bald seine 2000-Jahrfeier begehen kann, aufgrund der Annahme, daß hier um 15 n. Chr. das »castellum in monte tauno« war, von dem Tacitus spricht, oder ob es bei der bisherigen Festlegung bleibt, nach der ab der ersten urkundlichen Erwähnung 1216 das Alter Friedbergs gezählt wird, das sei vorerst dahingestellt, wenn auch ab und an in Friedberg diese Frage hohe Wellen schlägt. Fest steht, daß die Römer mit Kastell und Lagerdorf zwischen 83 und ca. 260 n. Chr. die ersten waren, die das heutige Gebiet von Burg und Altstadt kontinuierlich besiedelten. Auch nach den Römern bleibt Friedberg nicht verlassen, Spuren alemannischer und insbesondere fränkischer Besiedlung sind vorhanden.

In der Stauferzeit, mit der ersten urkundlichen Nennung der Burg 1216 und der Stadt 1219, tritt »Wridburg« in das Licht der Geschichte. In jenen Jahrhunderten bis zur Einführung der Reformation 1552 zählten die beiden Friedberg, die Freie Reichsstadt wie die Reichsburg, zu den Gemeinwesen mit Rang und Namen. Als reichsunmittelbare Gewalten mit der Besonderheit versehen, daß sie unmittelbar aneinandergrenzten, bestimmte ihr Wohl und Wehe der deutsche König, später der Kaiser und das Reich.

Niemals mehr später fand die Stadt zu jener überregionalen Bedeutung, die ihr im 13. und 14. Jahrhundert, auf Grund der Stärke ihrer exportorientierten Tuchproduktion und der Ausstrahlung ihrer Messen, zu eigen war. Friedberg war in diesen Jahren eine kleine Mittelstadt mit 3000 Einwohnern, in der sich auch eine große Judengemeinde niedergelassen hatte. Mit dem Zusammenbruch der Messen sank Friedberg im 15. Jahrhundert zur Kleinstadt mit Reichsprivilegien ab, die immer stärker in den Zugriff der benachbarten Burg geriet. Diese hatte sich zu einer einzigartigen Adelsrepublik entwikkelt. Viele andere Reichsburgen wurden von den Landes-

Friedberg in der Wetterau um 1860.

fürsten vereinnahmt; dies blieb der Friedberger Burg erspart. So wurde sie in der frühen Neuzeit der wichtigste Adelsmittelpunkt Deutschlands. Im 13. Jahrhundert waren es 35 Adelsfamilien aus der Umgebung, denen vom König die Burghut aufgetragen wurde, insgesamt etwa 100 Burgmannen; so viele Mitglieder zählte die Burgmannschaft, freilich bei einer ungeheuren Fluktuation, noch beim Ende der Burg 1806. Die Burgmannen wählten seit 1349 unter sich den Burggrafen, später noch die zwei Burgbaumeister; zusammen mit zwölf weiteren Burgmannen bildeten alle das sog. Burgregiment zur Ausübung der Herrschaft in der Burg wie in der Freigrafschaft Kaichen, die ab 1475 zur Burg gehörte.

Im dreißigjährigen Krieg erlitten Burg und Stadt Belagerungen und Plünderungen, Pest und Seuchen. Aus zwei unter den Staufern hoffnungsvoll in die Geschichte getretenen Gemeinwesen waren zum Ende des Alten Reichs eine von den Kriegen der letzten Jahrhunderte ruinierte, aber mit der Reichsfreiheit begabte Landstadt und ein exklusiver Adelsmittelpunkt des Alten Reichs geworden. Über sechshundert Jahre – seit den Tagen Friedrichs Barbarossas – lagen Burg und Stadt im Schatten

Lithographie von Heinrich Hoffmann (Wetterau-Museum).

des Reichsadlers, ab 1803 bestimmte, und dies zuerst in einer sehr bürokratisch-absolutistischen Manier, der hessische Löwe die Geschicke der Stadt; 1806 fiel dann auch die Burg an das Großherzogtum Hessen-Darmstadt. 1834 wurden Stadt und Burg zu der Gemeinde Friedberg mit rd. 3400 Einwohnern vereinigt.
Die großherzogliche Zeit begann mit breiter Massenarmut und doch wurden bis in die Mitte des 19. Jahrhunderts die Grundlagen für die Verwaltungs- und Schulstadt Friedbergs gelegt. Die alten Stadtmauern und Stadttürme wurden abgebrochen, neue Chausseen erbaut und in die freigewordenen Räume in Burg und Stadt zogen Kreisamt, Theologisches Seminar, Lehrerseminar, Blinden- und Taubstummenschule ein. Und von ganz großer Bedeutung für die Zukunft Friedbergs sollte werden, daß die Eisenbahn schon seit 1850 die Stadt mit Frankfurt und Gießen verband. Richtig aufwärts ging es dann in der Boomperiode zwischen 1896 und 1914: die Einwohnerzahl der Stadt verdoppelte sich auf 10000; der Bahnhof wurde zum Hauptbahnhof der Wetterau mit neuen Verbindungen nach Nidda, Hungen, Hanau und Bad Homburg; Post, Augustinerschule, Blindenschule, Hallenschwimm-

bad, Krematorium wurden in wenigen Jahren neu erbaut; 1901 wurde die Städteordnung eingeführt, Fauerbach eingemeindet und erstmals ein hauptamtlicher Bürgermeister gewählt. Neu war auch die Einbeziehung von immer mehr Menschen in das politische Leben. In Friedberg erschienen ab 1896 *drei* unterschiedlichen politischen Lagern nahestehende Zeitungen. Der Erste Weltkrieg setzte dieser Entwicklung vorerst ein Ende.

Das Dritte Reich zeigte sich in Friedberg nicht anders als in anderen Städten. Die Machtergreifung der Nazis wurde von einem großen Teil der Vereine und Parteien mitgetragen. Widerstand gegen das Dritte Reich blieb überschaubar, war auf Liberale, Sozialdemokraten und Kommunisten beschränkt, die dafür mit KZ-Einweisungen und Berufsverboten bestraft wurden.

Ausgegrenzt, vertrieben und gedemütigt schrumpfte die 1933 über 300 Mitglieder zählende jüdische Gemeinde bis zur Reichspogromnacht 1938 mehr und mehr zusammen; das Ende jüdischen Lebens in Friedberg vollzog sich mit den Deportationen im September 1942; die Spuren von mehr als 70 Juden aus Friedberg und der Wetterau verloren sich in den Vernichtungslagern im Osten.

Der Zweite Weltkrieg endete für Friedberg mit großen Zerstörungen entlang der Bahnanlagen, in Fauerbach und in der Zuckerfabrik. Die Stadt entging bei Kriegsende nur knapp der Vernichtung durch amerikanische Bomber oder Artillerie, als die Stadt – gegen den Willen fanatischer Offiziere – in letzter Minute kampflos übergeben wurde.

Wie Friedberg sich heute darstellt, wird am Beginn dieses Bändchens abgehandelt; wie es zukünftig werden soll, dazu sagen die Regionalplaner folgendes: Sie stufen Friedberg *und* Bad Nauheim mit ihren gemeinsam rd. 55000 Einwohnern und ihrer vielfältigen Infrastruktur als Mittelzentrum mit Oberzentrumsfunktionen ein. Nach ihren Vorstellungen soll Friedberg in den nächsten Jahren ein herausgehobener Schwerpunkt der Wohn- und Gewerbeansiedlung werden. Sollte dies alles so kommen wie heute gedacht, dann wird dieser Stadtführer vielleicht im Jahre 2000 die Überschrift tragen: »Das Städtepaar Friedberg und Bad Nauheim« und eine neue Etappe in der Entwicklung dieser Stadt begleiten.

Historischer Rundgang: Entlang der Sehenswürdigkeiten des Alten und des Neuen Friedberg

Führung oder auf eigene Faust

Kaum geändert hat sich seit Jahrhunderten die Silhouette des alten Friedberg, bestimmt durch den Adolfsturm in der Burg und die Stadtkirche mit ihrer Dachlandschaft. Was sich von weitem als ein Häusermeer, durchbrochen von Baumwipfeln, darbietet, zeigt sich von nahem als die unterschiedlichen Welten von dicht besiedelter Altstadt, geschäftiger Kaiserstraße und der Stadt in der Stadt, dem Burgareal. Urbanität und Muße, Geschichte und Alltag finden sich hier auf engstem Raum vereinigt.

Wenn Sie das vorher Gesagte neugierig gemacht hat, dann folgen Sie uns auf einen Gang über das historische Pflaster der Kaiserstraße, begleiten Sie uns ins Mittelalter des Judenbades, folgen Sie uns in das neue Friedberg der Jahrhundertwende und lassen Sie sich neugierig machen auf das, was diese quirlige Stadt heute zu bieten hat. Ein ausgeschilderter Rundgang führt Sie in ca. 1½ bis 2½ Stunden hin zu den bedeutendsten Baudenkmälern in Stadt und Burg und zu wichtigen Stätten Friedberger Geschichte. Selbstverständlich ist auch eine – dann vielleicht sogar ausführlichere – Besichtigung von nur einer oder zwei der genannten Sehenswürdigkeiten sinnvoll.

Der Rundgang bleibt auf die großen zugänglichen Baudenkmäler beschränkt; viele kleine, reizende Bauten und Partien in Friedberg und seinen Stadtteilen konnten nicht berücksichtigt werden. Wer Zeit und Muße hat, der sollte auch die Stadtteile besuchen. Der Weg kann hier nach Ockstadt führen zu den Resten einer ehemaligen Wasserburg wie zur katholischen Kirche von 1910 mit der prachtvollen barocken Ausstattung des Vorgängerbaus oder zu einem der größten Speierlingbäume Deutschlands. Ebenso sehenswert sind die traditionsreichen Wetterauer Dorfkirchen aus dem 17. und 18. Jahrhundert, die Sie in Bauernheim, Bruchenbrücken, Dorheim, Fauerbach und Ossenheim finden. Eine Liste empfehlenswerter Bücher über Friedberg und

die Stadtteile finden Sie bei **»Wohin in Friedberg: Von ›Aktuelles‹ bis ›Vorträge und Lesungen‹«.**
Unsere Empfehlung ist, mit einem Gang durch das Wetterau-Museum an der Stadtkirche – Eingang in der Haagstraße – zu beginnen, um einen Einblick in die historische Entwicklung Friedbergs und seiner Umgebung zu gewinnen. Wenn Sie den Weg nicht alleine machen wollen, kein Problem. Das Wetterau-Museum ist auch Treffpunkt der wöchentlich im Wechsel samstags oder sonntags, ab 14 Uhr stattfindenden Führungen durch Kaiserstraße, Altstadt und Burg.
In mehr als zwei Stunden führt der Weg zuerst in die stadtgeschichtliche Sammlung des Wetterau-Museums, von dort in die Stadtkirche und auf den Stadtkirchenturm. Weiter geht es durch die Gassen der Altstadt zum Judenbad. Nach der Besichtigung des Judenbads folgt ein ausführlicher Gang durch die Burganlage mit der ansonsten nicht möglichen Besichtigung des Römischen Bades, der Besteigung des Adolfsturms und zum Entspannen ein abschließender Bummel durch den Burggarten.
Darüber hinaus können wir Ihnen seit kurzem eine Führung anbieten, die sich ausschließlich auf die Stadtkirche konzentriert und mit der als Höhepunkt ein Gang entlang der Balustrade hoch über den Dächern der alten Stadt verbunden ist. Ihre besondere Qualität erhalten diese Führungen dadurch, daß sie von Herrn Mangels betreut werden, der beruflich wie ideell seit Jahrzehnten mit diesem großartigen Gebäude verbunden ist.
Übrigens: Die Besteigung der drei Türme dieser Stadt (Stadtkirche, Judenbad und Adolfsturm) ist Angebot, nicht Verpflichtung!
Für Führungen außer der Reihe stehen Ihnen unsere erfahrenen Stadtführer und Stadtführerinnen ebenfalls zur Verfügung. Führungen durch Friedberg können auf fast alle in diesem Buch beschriebenen Themen ausgeweitet bzw. konzentriert werden. Auch in den Stadtteilen haben wir kompetente Männer und Frauen, die Sie mit dem jeweiligen Lokalkolorit von Bauernheim, Bruchenbrücken, Dorheim, Fauerbach, Ossenheim und Ockstadt vertraut machen. Führungen sind nach Absprache in englischer und französischer Sprache möglich, bei anderen Sprachen bitte nachfragen.
Sollten Sie insbesondere die Bau- und Kunstgeschichte dieser Stadt außerhalb unseres Angebots vertieft erfahren wollen, dann empfehlen wir Ihnen zusätzlich zu den Ihnen hier vorliegenden Informationen, den Wegweiser durch

Burg und Stadt Friedberg von Hermann Roth zu erwerben, der in den jeweiligen historischen Einrichtungen und in den Buchhandlungen erhältlich ist und die Heimatbücher, Chroniken und Führer der Stadtteile, die sie im Bibliothekszentrum im Klosterbau und im Wetterau-Museum einsehen bzw. erwerben können. Da wir bestrebt sind, unser Angebot ständig zu verbessern und Ihnen auch mit Hinweisen auf nahegelegene weitere Sehenswürdigkeiten und interessante Ausflugsziele in der Wetterau behilflich sein können, sollten Sie vor einem Besuch unserer Stadt die aktuellen Führungsangebote und -zeiten unter den Rufnummern 06031/88261 oder 88215 erfragen.

Wetterau-Museum

Eine Reise in die Vergangenheit, um die Gegenwart zu verstehen

Öffnungszeiten:
Dienstag bis Freitag von 9–12 Uhr und 14–17 Uhr, Samstag von 9–12 Uhr und Sonntag von 10–17 Uhr.

Eintritt:
Erwachsene 2,– DM, Jugendliche 1,– DM.

Führungen:
Nach Voranmeldung

Wer Friedberg und der Wetterau näherkommen will, kommt um einen Besuch des Wetterau-Museums nicht herum. Anders gesagt: Wer um das alte Friedberg wissen will, sollte sich das Modell der Burg Friedberg und die großformatigen Ansichten von Stadt und Burg von 1565 nicht entgehen lassen, wer Interesse an der Adelslandschaft Wetterau hat, der sollte unbedingt Schloß Büdingen oder Schloß Assenheim besichtigen, aber ebenso die gleichnamige Ausstellung im Museum gesehen und den dazugehörigen Katalog gelesen haben. Wer nachvollziehen will, wie – fast revolutionär – Landtechnik und ländliche Gesellschaft sich in den letzten 150 Jahren gewandelt haben, sollte nicht nur das Freilichtmuseum Hessenpark, sondern auch die spektakuläre Ausstellung »Von der Sichel zur Dreschmaschine – Zur Industrialisierung der ländlichen Arbeitswelt zwischen 1800 und

1950« im Museum gesehen haben, sich mit den Objekten, Texten und Videos auseinandergesetzt haben. Die Kulturlandschaft, die historischen Denkmäler, Geschichte und Gegenwart Friedbergs und der Wetterau werden im Wetterau-Museum begreifbarer. Die Einlösung dieses Anspruchs bringt mit sich, daß das Haus in der Bedeutung und Dichte des Objektbestandes wie in der Ausstellungsästhetik dem Heimatmuseum im alten Sinne entwachsen ist. »Heimat« bleibt aber nicht außen vor, sondern zu der »Goldenen Wetterau« tritt auch der harte Alltag vergangener Jahrhunderte. Hier im Wetterau-Museum will man »Licht ins Dunkel der Geschichte« bringen, wie der Slogan auf einem der Museumsplakate verspricht.

Rundgang
Die Reise in die Vergangenheit beginnt mit der Ausstellung zur **provinzialrömischen Geschichte** dieser Landschaft. Wie allenthalben im Hause konzentriert man sich auch hier auf wesentliche Objekte wie das große Kultbild des Gottes Mithras und insbesondere auf die aktuellen Objekte, die durch die Arbeit der Archäologen in dieser einst vom Limes, dem römischen Grenzwall umspannten Landschaft, an das Tageslicht kommen, wie gerade eben die mehr als 1100 Münzen, die aus einem der größten kaiserzeitlichen Münzfunde Europas stammen. Zweitrangiges bleibt in den Magazinen.

Einen Höhepunkt des Hauses in der Qualität und Dichte der Objekte wie der Gestaltung bilden die in den letzten Jahren neu gestalteten **vor- und frühgeschichtlichen Ausstellungen**. Hier wird eine beispielhafte Auswahl von Bodenfunden vorgestellt, anhand deren sich der Besucher einen Überblick über die Zeiten vor und – was weitaus seltener ist – nach den Römern verschaffen kann.

Daß das Wetterau-Museum dem Betrachter derart umfangreiche Bestände bietet, liegt in der Tradition des Hauses begründet. Schon 1894 entstanden die ersten Sammlungen, die dann über mehrere Stationen schließlich ihre Heimat im heutigen Gebäudekomplex zwischen Haagstraße und Stadtkirche fanden. In den vergangenen Jahren hat die Stadt Friedberg mit Unterstützung des Wetteraukreises und des Landes Hessen beträchtliche Mittel in die wissenschaftliche Erarbeitung der Bestände, in deren Restaurierung und Neuaufstellung investiert. Dies zeigt auch die Dauerausstellung **»Von der Sichel zur Dreschmaschine«**. Nicht nur bildlich gesprochen macht sich der Besucher hier auf einen Gang durch die Geschichte der diese Landschaft einst prägenden Landwirtschaft: Ein Metallsteg führt durch die abgedunkelten Ausstellungsräume; vor schwarzem Hintergrund und getrennt durch ein Gerüst aus kaltem Stahl repräsentieren Objekte vom Dreschflegel bis zum Mähdrescher und Lanz-Bulldog die rasante Entwicklung. Scheunenromantik will hier nicht aufkommen, das verhindert schon die avantgardistische Ausstellungsarchitektur, die sich dem Thema auf imponierende Weise anpaßt.

Mehrere Videofilme verdeutlichen den Weg ins eiserne Zeitalter der Landwirtschaft, da erzählt der Dorfschmied von der gar nicht so lange zurückliegenden Zeit, in der er mit seiner Arbeit zwei Mark pro Woche verdiente. Dann wird klar, warum aus der im Museum ausgestellten Schmiede ein Museumsgut wurde.

Im ersten Stock des Hauses finden sich aus der Glanzzeit von Reichsstadt und Burg, dem **Späten Mittelalter**, herausragende Objekte, so ein gewaltiges zweihändig geführtes Schwert, das dem Reichsherold Kaspar Sturm, der Martin Luther auf dessen Weg von Worms zur Wartburg bis nach Friedberg begleitete, zugeschrieben wird. Luther nutzte den Aufenthalt in Friedberg am 28. April 1521 zur Abfassung verschiedener Schreiben an den Kaiser und die Stände. Weiterhin eine Ansicht von Stadt und Burg Friedberg aus dem Jahre 1565, die die altbekannten Merian-Stiche nicht nur mit einer Länge von mehr als drei Metern und einer Höhe von mehr als einem Meter, sondern auch mit einer ansonsten unbekannten Detailgenauigkeit in den Schatten stellt. Diese Ansicht ist ebenso wie das große, detaillierte Modell der Burg auf der gleichen Etage, ein unbedingtes Muß für jeden, der die alte Stadt und die Burg besichtigen will.

Was gibt es hier noch zu sehen? Da ist die Türmerstube der Stadtkirche mit Originalmobiliar, bestehend aus einem alten brüchigen Holzschrank, einem Eisenofen, der für notdürftige Wärme sorgte, und dem großen Sprachrohr mit dem der Türmer die schlafende Stadt bis 1881 vor Feuer und Feinden warnte und daneben die große Uhr mit der kleinen Stundenglocke, mit der er verkündete, was die Stunde geschlagen hatte. So oder ähnlich muß es bis vor 100 Jahren im kleinen Turmzimmer der Stadtkirche von Friedberg ausgesehen haben. Und wer anschließend mit einer Stadtführung den Stadtkirchenturm besteigt und schnaufend die Türmerstube erreicht, der kann sich jetzt ein sehr plastisches Bild vom Leben und Arbeiten des Friedberger Türmers um 1830 machen. Daß dies wenig mit Nostalgie und Idylle zu tun hatte, wird dann deutlich, wenn der Betrachter sich vom kargen Türmermobiliar abwendet und in eine der wenigen gut bürgerlichen Wohnstuben der Biedermeierzeit mit kostbaren Sitzbezügen und einem prachtvollen Ofen blickt.

»**Adelslandschaft Wetterau im 18. und 19. Jahrhundert**«, unter diesem Thema sind die Gegenstände des vorerst letzten Raumes im Obergeschoß des Museums zusammengefaßt. Ein Alabasterskelett von 1711 aus einem Adelsgrabmal in der Kirche zu Steinfurth steht neben einem ländlichen Begräbnisbild von 1712 und weist auf, wie groß die Unterschiede selbst noch über den Tod hinaus auch unter den Adligen waren. Zeitgenössische Gipsbüsten von Goethe, Herder und Wieland aus Weimar, die ihren Weg in ein Schloß der Wetterau nach 1780 gefunden haben, zeigen einen ganz anderen Weg adligen Selbstverständnisses zum Ende des Alten Reichs auf als die Galerie der adligen Repräsentationsportraits der Friedberger Burgmannen.

Aber das Wetterau-Museum machen nicht nur die Dauerausstellungen aus. Sonderausstellungen des Friedberger Kunstvereins wie des Museums und die Kulturveranstaltungen im Sommer im Innenhof bringen, ebenso wie die Führungsangebote, Leben ins Haus.

Für **Informationen** zu den laufenden Sonderausstellungen und weiteren Veranstaltungen rufen Sie uns bitte unter 06031/88261 oder 88215 an!

Nach dem Besuch des Wetterau-Museums in der Haagstraße im Vorbeigehen ein Blick auf das Alte Hallenbad, da eine Besichtigung nicht möglich ist, die Geschichte dieses Gebäudes ausführlicher.

Altes Hallenbad

Volksbad – Sportbad – Stillegung – Schicksal ungewiß

Wie in anderen Städten entstand Ende des 19. Jahrhunderts auch in Friedberg als Reaktion auf die unzureichenden hygienischen Verhältnisse in der übervölkerten Altstadt der Wunsch nach einem »Volks-

bad«, einer Bade- und Reinigungsanstalt für breite Bevölkerungskreise. 1909 wurde das Hallenbad in der Haagstraße 29 eröffnet, weitgehend finanziert durch großzügige Spenden einiger Friedberger Bürger. Entstanden war eine Bade- und Reinigungsanstalt, die in Größe und Ausstattung reichsweit eine Rarität für eine Stadt mit damals 10 000 Einwohnern darstellte. Die Planung des Bades war dem Gießener Architekten Hans Meyer, einem führenden Schwimmbadarchitekten dieser Jahre, übertragen worden. Den Bau selbst bestimmte im Äußeren die Formensprache des Neo-Barocks, während sich in den repräsentativen Innenräumen wie der Eingangshalle und der Schwimmhalle auch Elemente des Jugendstils fanden, die bei einer Modernisierung des Bades Anfang der sechziger Jahre teilweise zerstört wurden.

Am 1.6.1980 erfolgte dann, nachdem die Stadt mit dem Usa- Wellenbad ein großzügiges Hallen- und Freibadkonzept in der Talaue zwischen Friedberg und Bad Nauheim realisierte, die Schließung des Bades. Mitte der achtziger Jahre begann sich dann wieder Interesse aus Bürgerschaft und Stadtverwaltung am Schicksal dieses Gebäudes zu regen. Aufgrund der Initiativen von Denkmalbeirat und Magistrat wurde das Alte Hallenbad 1984/85 unter Denkmalschutz gestellt. Seit 1992 wirbt eine Initiativgruppe »Kultur ins Alte Hallenbad« Freunde und Gönner für die Umgestaltung des Hauses – unter Bewahrung der noch vorhandenen Substanz – in ein in

Ästhetik, Funktion und Technik kompromissloses Haus für kulturelle Veranstaltungen.

Wenige Meter weiter zur katholischen Marienkirche.

Katholische Marienkirche

Über Jahrhunderte eine Minderheit: Katholiken in Friedberg

Öffnungszeiten:
täglich tagsüber ab 8.30 Uhr

Friedberg war mit der Reformation zu einer rein protestantischen Reichsstadt geworden, eine Glaubensausübung war den wenigen Katholiken in der Stadt damit nicht möglich. Aus diesem Grund ließ

1738 der katholische Herr des benachbarten Ockstadt am äußersten Rand seiner Gemarkung an der Seewiese die St. Georgskapelle errichten. 1882 gelang es den inzwischen ca. 1000 Katholiken in Friedberg, die Marienkirche in der Haagstraße zu erbauen. Die historisierende, neugotische Ausstattung aus der Bauzeit ist noch weitgehend erhalten und sehr sehenswert.
Ihr folgte nach dem 2. Weltkrieg, ausgelöst durch den Zustrom vieler katholischer Heimatvertriebener, der Bau der **Heilig-Geist-Kirche** (Ecke Mainzer-Tor-Anlage/Leonhardstr.), die 1960 geweiht wurde.

Öffnungszeiten:
nur während des Gottesdienstes
(Anfragen unter 06031/61041)

Wenige Meter von der Marienkirche entfernt der einzige aus der Vielzahl der Türme der Stadtbefestigung erhaltene Turm, der aufgrund seiner Farbe so bezeichnete »Rote Turm« aus dem 14. Jahrhundert.
Weiter zum Hauptportal der Stadtkirche.

Evangelische Stadtkirche

Historischer und kunsthistorischer Höhepunkt

Öffnungszeiten:
Dienstag und Donnerstag
von 14.30–16 Uhr und
Sonntag von 14–16 Uhr.

Ernst Götz, ein sehr guter Kenner der Kirche, schreibt über sie: »*Kein anderes Bauwerk spiegelt so auffällig den Aufstieg, die Blüte und den einsetzenden wirtschaftlichen Niedergang des mittelalterlichen Friedberg wie die Stadtkirche Unserer Lieben Frau. Als gotische Hallenkirche gemäß hessischer Tradition, aber in Formen der mittelrheinischen Hochgotik errichtet, wurde der weite, in allen drei Schiffen gleich hohe Raum im Lande der größte und bei maßvoller Schmuckentfaltung harmonischste.*
Anstelle einer kurzlebigen romanischen Vorgängerkirche um 1260 begonnen, konnten zunächst 1306 die Ostteile mit Chor und Querschiff geweiht werden. Um 1380 war der ganze Innenraum fertig. Trotz langer Bauzeit blieb die Planung nahezu einheitlich. Nur die Türme wurden nicht über, sondern vor der Kirchenfassade errichtet. Einsetzende Armut und Zwistigkeiten mit der Burg verhinderten 1410 den Weiterbau, so daß der Nordturm nur noch seinen verschieferten Holzaufbau mit dem Glockenstuhl erhielt, der Südturm jedoch hinfort knapp über der Erdgeschoßhalle endete.

Blieb auch der Außenbau unvollendet, so wandte man sich doch weiterhin mit großer Sorgfalt der Ausstattung der Kirche zu. Der Bezirk des Hochaltars wird vom eigentlichen Kirchenraum durch das beiderseits aufgestellte Chorgestühl von etwa 1350 getrennt. Die Oberteile des Gestühls schmükken Malereien aus dem 15. Jahrhundert. Vorne schließt der steinerne spätgotische ***Lettner****, in dessen Mitte ein spätromanischer, aus der Vorgängerkirche übernommene Baldachin von etwa 1240 einen kanzelartigen Vorbau bildet, den Chor ab. Der Altar »Zum Hl. Kreuz« darunter diente früher als Gemeindealtar. Ein hölzerner Kruzifixus von 1500 bekrönt den Lettner und bildet den Sinn-Mittelpunkt der Kirche. Die um 1280 entstandene* ***Madonna am Lettner*** *gehört zu den feinsten gotischen Skulpturen des Mittelrheingebietes.*

Ein dekoratives Kunstwerk besonderer Art stellt das 14 Meter hohe ***Sakramentshaus*** *im Chor dar. 1482/84 schuf es der Frankfurter Bildhauer Hans von Düren aus weichem Tuff. Ähnlich kostbar und gleichzeitig entstanden sind die* ***Glasmalereien*** *der mittleren drei Chorfenster mit ihren vor lichten Blau- und Silbertönen dargestellten Heiligengestalten. In schwerer Farbenpracht prangt der große neugotische Farbfenster-Zyklus, den A. Linnemann 1900/01 schuf. Er wurde 1962/63 um drei Fenster des Glasmalers C. Crodels ergänzt, ebenfalls mit biblischen Bildthemen. Mit dem in den vergange-*

nen Jahren hinzugekommenen Europafenster von Blasius Spreng und dem Ökumenefenster von Hans Gottfried von Stockhausen, sind in der Friedberger Stadtkirche Beispiele hochrangiger Glaskunst von der Gotik bis zur Neuzeit zu sehen.«

Wer die Schönheiten der Stadtkirche noch detaillierter kennenlernen will, sei aus der Feder des gleichen Autors auf den Großen Führer über die Kirche – erschienen 1984 als Nr. 203 in der Reihe Große Baudenkmäler des Deutschen

Kunstverlags – verwiesen, der in der Stadtkirche erhältlich ist, wie auf die Stadtkirchenführungen, die regelmäßig Hermann Mangels anbietet.

Weiter in die Augustinergasse zum Gebäude mit den Treppengiebeln, dem Bibliothekszentrum im Klosterbau.

Bibliothekszentrum Klosterbau

In Hessen ganz vorne

Öffnungszeiten:
Montag, Dienstag und Freitag von 13–18 Uhr, Donnerstag von 9.30–12.30 und 14–19 Uhr.

Wie man mittelalterliche Bausubstanz und heutige Nutzung beispielhaft verbindet, das zeigt das im Februar 1991 eröffnete Bibliothekszentrum Klosterbau. Wie Name und Anschrift verrät, handelt es sich – im Erdgeschoß an den meterdicken Außenwänden gut erkennbar – bei dem Bau um einen Teil des ehemaligen Augustinerklosters. Vor der Reformation Kloster, danach Keimzelle der Augustinerschule, später Teil der Musterschule stand der Bau mit seinen wuchtigen Treppengiebeln seit den sechziger Jahren ungenutzt. Als die Stadt Friedberg 1985 in das Städtebauförderungsgesetz aufgenommen wurde, nahmen Stadtväter und Stadtmütter die damit verbundene Chance für die Sanierung des vom Verfall bedrohten Gebäudes wahr. 1988 begann man mit dem Bau, und seit der Eröffnung im Februar 1991 zeigt der um einen gläsernen Zwischenbau, dem

heutigen Haupteingang, und einen Verwaltungs- und Magazintrakt erweiterte Gebäudekomplex all' den Bürgern, die das Bibliothekszentrum besuchen, was Altstadtsanierung leisten kann.
Für alle die, die noch nicht im Klosterbau waren, eine kurze Übersicht: Der Altbau mit seinen fast 1.000 m^2 beherbergt aufgrund seiner historischen Bedeutung und seines repräsentativen Charakters die öffentliche Bibliothek. Die Dreiteilung der einzelnen Stockwerke, die an die frühere Nutzung des Gebäudes als Schule erinnert, wurde beibehalten. Im Erdgeschoß finden Kinder, Jugendliche und Erwachsene Videos, CDs und Kassetten sowie die Kinderbibliothek, in der auch Spiele bereitgehalten werden. Weiterhin die Verbuchungstheke und einen großen Bereich, der für die ca. 100 Vorträge, Seminare und Konzerte dient, die jährlich im Klosterbau stattfinden. Im 1. Obergeschoß sind die Schöne Literatur, fremdsprachige Romane sowie die Jugendbibliothek untergebracht. Außerdem steht Mann und Frau hier ein Bestand von ca. 50 Zeitschriften und ein Seminarraum mit Arbeitsplätzen zur Verfügung. Das 2. Obergeschoß beherbergt neben der Sachliteratur auch den Lesesaal des Stadtarchivs und der Regionalbiblio-

thek mit wissenschaftlichen Zeitschriften und einem Handapparat sowie die Fernleihe.
Insgesamt verfügt allein der Freihandbereich des Klosterbaus derzeit über ca. 26000 Medien, von denen ein Gutteil natürlich ausgeliehen ist. Diese Bestände werden laufend ergänzt, denn zentrales Ziel der Bibliothek ist es, aktuell zu sein. Wie stark das Bibliothekszentrum im Klosterbau eingeschlagen hat, zeigen die mehr als 100000 Ausleihen im Jahr. Der Klosterbau nimmt damit in Hessen eine Spitzenstellung ein.
Was Sie alles im Klosterbau unternehmen können, erfahren Sie am besten in den Führungen, die wir jeweils am letzten Dienstag im Monat, um 16 Uhr, anbieten – für Gruppen auch auf Anfrage.

Weiter zum Fünffingerplatz, übrigens findet sich dieser Begriff in keinem Stadtplan. Ein in Friedberg unvergessener Journalist hat ihn für die platzartige Erweiterung der Usagasse geprägt, auf der Usagasse, Engelsgasse, Judengasse, Augustinergasse und Verbindungsgasse zusammenfinden.
Auf dem Platz der Altstadtbrunnen von Blasius Spreng.

Altstadt –
Neues Leben in alten Mauern

Die Friedberger Altstadt ist anders als andere Altstädte; sie besteht aus zwei Gebieten links und rechts, d. h. östlich und westlich der Kaiserstraße. Der westliche Bereich erstreckt sich von der Kaiserstraße bis zur Stadtmauer, die seit alters her städtische Bebauung und das ehemalige Land, das heutige Naherholungsgebiet Seewiese, scharf trennte. Die schönste Ansicht dieses Bereichs haben Sie an einem sonnigen Herbstmarktsonntag im September von der Seewiese her. Vor Ihnen der Auftrieb und die Prämierung der von den Landwirten der Wetterau präsentierten Kühe, Schafe, Schweine und Pferde, wo es von allen Seiten blökt, muht, grunzt und wiehert, dahinter die Stadtmauer und das Häuser- und Dächermeer der Altstadt, überragt vom Turm der Stadtkirche.
Bei Ihrem Rundgang haben Sie den **östlichen Teil der Altstadt** zwischen Kaiserstraße und Alter Bahnhofstraße, zwischen Stadtkirche und Burg – sozusagen die Altstadt im engeren Sinne – durchwandert. Das ist auch heute noch der interessantere Teil sowohl von der Optik, mit einigen sehr respektablen Fachwerkhäusern, wie von seiner Lebendigkeit mit einer breiten Kneipen- und

Gaststättenszenerie her. Das hat historische Gründe. Dieser Teil der Altstadt links und rechts der Usagasse war einmal ein wichtiger Teil der Stadt, da die Usagasse bis 1843 die einzige Zufahrt aus Richtung Gießen – Leipzig in die Stadt war. Hier beherrschten Gasthäuser, Schmieden und Wagnerwerkstätten die Szenerie, hier wohnten die kleinen Leute, die sich als Handwerker, als Gastwirte, als Arbeiter ihr Geld sauer verdienten. Als nach 1843 kein Verkehr mehr die Usagasse heraufkam, als am Ende des 19. Jahrhunderts die wirtschaftlich Starken die Altstadt verließen und sich in der Neustadt und auf der Kaiserstraße niederließen, und als Post und Bahnhof aus der Altstadt an den Rand der Neustadt (1913/1914) ausgesiedelt wurden, sank dieser Teil der Stadt in Wohnqualität und Bedeutung immer mehr ab, wurde zur Altstadt. Konkret: Aus der Judengasse zu sein, in der übrigens um die Jahrhundertwende kaum noch Juden wohnten, in der Altstadt zu Hause zu sein, wo damals viele Arbeiterfamilien von nah und fern, wie die Italiener aus dem Tessin, die die Eisenbahnen in Oberhessen bauten, ihren ersten Unterschlupf in Friedberg gefunden hatten, war nicht unbedingt ein Renommee. Daraus mag auch der ruppige Umgang mit der alten Bausubstanz in der Altstadt herrühren, diejenigen, die zurückblieben oder hier bis unter die

Dachböden hausten – Friedberg verdoppelte seine Einwohnerzahl von 1870 bis 1911 – hatten weder das Bewußtsein noch das nötige Geld, um mit dem adäquat umzugehen, was sich hier an alter Substanz noch vorfand. Das ist aber nur die eine Seite der Perspektive. Die große Leistung der Altstadt ist, daß hier die aufgenommen wurden, die sonst gestrandet wären, sie war eine Art Friedberger Klein- Kreuzberg, und das gilt heute noch. Die Altstadt scheint noch einigermaßen im Gleichgewicht, hier ist auch Platz für die Armen, für die Älteren und Ausländer.

Als es dann in den fünfziger Jahren auf der Kaiserstraße steil aufwärts ging, wurde die Altstadt zu ihrem Hinterhof. Aus schönen, alten Wohnhäusern – und dies gilt insbesondere für die Engelsgasse – wurden Lagerräume; andere Häuser wurden, da sie die Anlieferung störten, gleich abgerissen.

Seit dem Hessentag 1979 hat die Stadt vieles unternommen, um dieses von Verslumung bedrohte und vom Bewußtsein her abgeschriebene Quartier wieder in die Stadt hineinzuführen. Beim Hessentag bekannte sich die Stadt mit dem Altstadtfest und dem Historischen Jahrmarkt in der Burg wieder zu ihrer Tradition. Inzwischen ist dieses dreitägige Straßenfest ebenso beliebt wie der Herbstmarkt auf der Seewiese geworden. Weiter ging es dann 1985, als die Stadt mit dem gewaltigen Gesamtgebiet der Altstadt in das Städtebauförderungsprogramm aufgenommen wurde. Sie werden es beim Gang durch die Altstadt merken, wo die Dinge durch finanzielle Unterstützung von Bund, Land und Stadt wieder ins Lot gekommen sind, wo aus privater Initiative neue Wohnungen in alten Mauern geschaffen wurden, wo überdimensionierte Bauten wieder auf ein erträgliches Maß zurückgebaut wurden, wo die Stadt mit dem Bibliothekszentrum und der Wetteraukreis mit der Musterschule zeigt, daß sie die Altstadt nicht aufgegeben haben. Aber auch kein Zweifel besteht darüber, daß noch Vieles zu tun ist.

Wir empfehlen Ihnen, bummeln Sie um den **Fünffingerplatz**, schauen Sie sich die Häuser an.

Usagasse 9 »Zum goldenen Engel« mit schönem alten Hauszeichen.

Usagasse 14 Fachwerkhaus mit Steinpförtchen, darauf Brezelwappen 1739.

Usagasse 15 Fachwerkhaus Ende 17. Jahrhundert, Fratzenköpfe 1909/1910.

Engelsgasse 7 Fachwerkbau nach 1471.

Engelsgasse 9 Fachwerkbau um 1666.

Dann gehen Sie bitte weiter in die Judengasse und besichtigen einen der Höhepunkte auf Ihrem Rundgang, das Judenbad.

Das Judenbad in der Judengasse

Öffnungszeiten:
Dienstag bis Freitag 9 – 12 Uhr und 14 – 17 Uhr,
Samstag von 9 – 12 Uhr und
Sonntag von 10 – 12 Uhr.
Eintritt: Erwachsene 2 DM und Jugendliche 1 DM.

Wie in vielen alten Städten bestand spätestens seit 1241 auch in Friedberg eine jüdische Gemeinde. In dem Gassengeviert der Judengasse und des Juden-

plackens hat sich der seit 1488 eingegrenzte und bis zu Anfang des 19. Jahrhunderts mit Toren abgesperrte Gettobereich bis 1939 mit Synagoge und bis heute mit dem »Judenbad« erhalten. Judenbad ist die einheimische, die Friedberger, Bezeichnung für das Kultbad, das Juden Mikwe nennen. Jüdische Frauen mußten dort vor der Hochzeit, nach einer Geburt und nach jeder Menstruation ein rituelles Reinigungsbad in »lebendigem« Wasser – ein Reinwaschen im übertragenen Sinne, nicht aus hygienischen Gründen – vornehmen. Lebendig mußte das Wasser sein, nicht von Menschenhand berührt; mit Grundwasser wie im hoch über der Talaue gelegenen Friedberg, gesammeltem Regenwasser oder einer Quelle konnte diese Anforderung erfüllt werden. Übrigens

ist auch heute noch in orthodoxen jüdischen Gemeinden das Tauchbad wichtiger Bestandteil der Religionsausübung.
Unter dem Haus Judengasse 20 befindet sich das um 1260 entstandene »Judenbad«, eine der wenigen in Deutschland erhaltenen monumentalen Mikwen, ein 25 m tief zum Grundwasser führender ausgemauerter Schacht von den Dimensionen eines in die Erde gestellten Burgturms. Heute gelangt man in das 1903 in gotisierendem Stil erbaute Haus nach dem Öffnen einer schweren Holztür. Im Vorraum finden sich bescheidene Zeugnisse des im Dritten Reich ausgelöschten jüdischen Lebens dieser Stadt versammelt: Fotos der Synagoge und der jüdischen Friedhöfe, eine Gedenktafel für die jüdischen Gefallenen des Ersten Weltkriegs sowie einen Gedenkstein für den aus Friedberg stammenden südafrikanischen Diamantenkönig Ernest Oppenheimer und eine 1983 von den städtischen Gremien angebrachte Gedenktafel, auf der in klaren Worten der Weg der 1933 mehr als 300 jüdischen Bürger und Bürgerinnen dieser Stadt über Ausgrenzung und Emigration bis zur Vernichtung mit den Deportationen im September 1942 beschrieben wird.
Weiter geht es in einen kleinen Innenhof, wo der Blick in ein achteckig ummauertes Loch zum erstenmal die Dimensionen der Anlage erahnen läßt, wenn man sein Spiegelbild

tief unten im Wasser sieht. Vom Innenhof aus führt der Weg hinab zur alten gotischen Eingangspforte und von dort über 72 abgetretene Steinstufen 25 Meter tief in die Erde. Mittelalter bestimmt den Weg die Treppen hinunter in die Tiefe: Säulen mit gotischen Laubkapitellen, Nischen, in denen vor hunderten von Jahren Öllämpchen standen, den Druck der Steinmassen aufnehmende Halbbögen. Dieser Turm in der Erde wurde um 1260 – die Zahl ist an einem Quader in lateinischen Lettern (MCCLX) zu finden – von Steinmetzen erbaut, deren Zeichen sich hier wie im Chor der nur wenige hundert Meter entfernten Stadtkirche auf dem gleichfalls hier wie dort verwandten Bellmuther Sandstein finden. Nur wenig Licht fällt durch die kleine Öffnung hinunter zum Grundwasser, das hier jahrein, jahraus zwischen sechs bis acht Grad aufweist. Auf den letzten Metern ist die Treppe zwischen drei bis fünf Meter hoch vom Wasser bedeckt und dies völlig unabhängig von den aktuellen Niederschlägen an der Erdoberfläche. Unten im Wasser auf der Sohle des Bades wurde 1903 bei einer Sanierung eine Inschrift in hebräischen Buchstaben gefunden, die Isaac Coblenz, wahrscheinlich ein aus dem Rheinland nach Friedberg gezogener Jude, als Stifter des Bades ausweist.

Nur wenige Meter vom Judenbad stand die Synagoge, die in der Reichspogromnacht am 9. November 1938 in Brand gesteckt und 1939 abgerissen wurde. Im September 1992 wurde an der noch erhaltenen Synagogenwand in Anwesenheit vieler früherer jüdischer Bürger und Bürgerinnen dieser Stadt eine Gedenktafel mit den Namen der zwischen 1942 und 1945 aus Friedberg deportierten und in den Vernichtungslagern des Ostens ermordeten Juden angebracht. Eine weitere Gedenktafel an diesen, in der Geschichte der Stadt so traurigen Vorgang, befindet sich an der Turnhalle der Augustinerschule, in der die zur Deportation zusammengebrachten jüdischen Frauen, Kinder und Alten im September 1942 ihre letzte Nacht in Friedberg verbrachten.

Jüdische Friedhöfe

Ein Exkurs

Rechts und links der Ockstädter Straße, unterhalb des Krankenhauses lag der alte Friedhof der jüdischen Gemeinde. Nach der Zerstörung im Dritten Reich ist er heute eine Anlage. Auf dem Teil rechts der Straße befinden sich einige ältere Grabsteine.

An der B 3 liegt zwischen Friedberg und Ober-Wöllstadt der zweite, gut erhaltene Friedhof, der 1934 die Anlage an der Ockstädterstraße ablöste. Auf ihm befinden sich noch mehrere Grabsteine.

Weiter über die Kaiserstraße in die Burg Friedberg.

Burg Friedberg

Eine Stadt in der Stadt

Die Römer mit einem Militärlager (14-16 n. Chr.), später mit einem Kastell (70-260 n. Chr.), wahrscheinlich die Franken mit der Anlage eines Herrenhofes im neunten Jahrhundert und zum Ende des

zwölften Jahrhunderts Kaiser Friedrich I. Barbarossa mit der Gründung der Burg, sie alle nutzten die von sumpfigem Gelände und hohen Felsen auf drei Seiten geschützte Lage des aus der Wetterau herausragenden Basaltrückens für militärische Zwecke. Allein das römische Badegebäude ist ein noch erhaltenes Zeugnis aus diesen frühen Jahrhunderten.

Heute zeigt sich die Burg mit ihrem Mauerring und dem mächtigen Adolfsturm von 1348 als das neben Stadtkirche und Judenbad stärkste Stück Mittelalter in Friedberg. Die vielen Dachgiebel und die Wipfel der Bäume des Burggartens, die über den Mauern hervorschauen, geben aber den ersten Hinweis darauf, daß sich hinter diesen alten Mauern einstmals die Residenz eines kleinen, bis 1806 souveränen Staates mit Schloß und Park, Kirche und Kanzlei, Wache und Zeughaus, Schmiede und Schule befand. Die einstmals herrschaftlichen Bauten beherbergen heute Landesverwaltungen, das Burggymnasium und Wohnungen. Im Sommer dient der Burggarten als große stimmungsvolle Freiluftarena für Konzerte aller Art. Daß die Burg Friedberg mit ihren rd. 39000 qm eine der größten Anlagen ihrer Art in Deutschland ist, sei noch am Rande vermerkt. Sie dürfen sich auf einen längeren Spaziergang gefaßt machen.

Über die nachfolgenden Hinweise hinaus unterstützen Sie

bei einem Gang durch die Burganlage der auch in englischer Sprache vorliegende Burgführer der Staatlichen Verwaltung der Schlösser und Gärten, erhältlich im Adolfsturm und im Wetterau-Museum, wie ausführliche Informationen, die Sie direkt an den wichtigsten Bauwerken nachlesen können.

Sie betreten die Burg von der Kaiserstraße über die 1792 errichtete, eine hölzerne Zugbrücke ersetzende Steinbrücke, die über den **Hirschgraben**, den ehemaligen Burggraben, führt. Der Blick führt dabei nach links auf den früher den Graben- und Torbereich schützenden **Dicken Turm** von 1492/95, der heute durch die Bundesstraße von der Burg abgeschnitten ist. Rechts an der Tormauer befindet sich der frühere Fußgängerzugang – ein kleiner freischwebender Steg hoch über dem Burggraben. Der Weg führt weiter durch das **Burgtor**, vorbei an der **Burgwache** von 1771/72 (links) und der **Burgrentei** von 1696 (rechts), nach links in den Schulhof des heutigen Burggymnasiums. Durch den Schulhof gehen Sie vorbei an der früheren **Burgkanzlei** von 1512 mit dem Portal der Justitia von 1705 und dem Internatsgebäude des ehemaligen Lehrerseminars, das zwischen 1844 und 1846 entstanden ist, wie ehemaligen **Wohnhäusern der Burgmannen** aus der Zeit um 1550 auf der rechten Seite. Zwischen dem Internatsgebäude und dem Naturwissen-

schaftlichen Bau des Burggymnasiums führt Sie der Weg nach links über eine kleine Treppe hinunter zur Burgmauer. Sie wenden sich nach rechts und können nach einigen Metern im Keller des Schulgebäudes von außen her die gut erhaltene **römische Badeanlage** mit ihrem Kalt- und Warmbaderaum einsehen. Eine ausführliche Beschreibung der Anlage befindet sich an den Fenstern. Die Besichtigung ist nur während der Stadt- und Burgführungen möglich!

Zurück zum **St. Georgsbrunnen** von 1738 in der Mitte der Burg. Die Brunnenfigur stammt von dem Mainzer Bildhauer Burkhard Zamels, das Original befindet sich im Wetterau-Museum. Auf dem Sockel des Brunnens und der Brunnenschale sind die Wappen des Burggrafen und der ihm zur Regierung beigeordneten adligen Burgmänner zu sehen. Weiter durch das **Renaissancetor** (1611/1752), vorbei am **Kavalierbau** aus dem Anfang des 17. Jhdts., zu dem großen Gebäude, dessen Giebel sich seit dem Großbrand vom Juni 1990 blau verpackt zeigen. Erbaut im Stil der Hochrenaissance zwischen 1604 und 1610 als Burgmannenhaus für die Familie von Kronberg, befand sich hier seit 1698 der Sitz des Burggrafen, daher **Burggrafiat**. Nach dem Untergang der Burg diente das Gebäude von 1817 bis 1919 den hessischen Großherzögen als Schloß. 1910 nahm hier der Zar von Rußland für mehrere Wochen Quartier als Gast der großherzoglichen Verwandtschaft. Rechts am Burggrafiat schließt sich der vom Brand weitgehend unversehrt gebliebene barocke Anbau des »**Deutsch-Ordenshauses**« von 1716-1718 an.

Weiter zur **Burgkirche** (1782-1808) – diese zeigt sich insbesondere durch die Schlichtheit und Zurückhaltung ihres Innenraums, als später Typ einer protestantischen Predigtkirche.

Öffnungszeiten:
Vom 1. Mai bis 1. Oktober
Dienstag bis Sonntag 10–17 Uhr.

Vorbei am hinter der kleinen Anlage liegenden **Burgzeughaus**, in dem bis zu seinem Tode der Essayist und Lyriker Fritz Usinger (1895-1982), Büchnerpreisträger des Jahres 1946, wohnte, und mehreren Burgmannenhäusern führt Sie der Weg zum **Adolfsturm**.

Öffnungszeiten:
Dienstag bis Sonntag in der Zeit vom 1. 3.–31. 10. von 10–12 Uhr und 13–17 Uhr, in der Zeit vom 1. 11.–28. 2. von 11–15 Uhr.
Eintritt:
Erwachsene 2 DM, Jugendliche 1 DM und Familien 4 DM.

Der 58 Meter hohe Turm wurde nach 1347 aus dem Lösegeld des Grafen Adolf von Nassau erbaut, die heutige Form des Helms und der vier Türmchen ist allerdings erst 100 Jahre alt.

Vom Adolfsturm sind es nur wenige Meter zum Eingang des **Burggartens**, der sich von der Burgstraße her kaum sichtbar, von hier bis zum Hirschgraben an der Stadt erstreckt.

Öffnungszeiten:
1. 4.–30. 9. von 8–22 Uhr
1. 10.–31. 3. von 10–17 Uhr.

Nicht nur wegen des Grüns und der Ruhe ein unbedingtes Muß für jeden Besucher, sondern auch deswegen, weil sich von den Aussichtskanzeln des Burggartens schöne Blicke auf das Rosental-Viadukt, nach Bad Nauheim und in die Wetterau ergeben. Im Mittelalter diente das gesamte Gelände des heutigen Burggartens in der noch erkennbaren Abfolge von hoher Mauer, Wall und Zwinger Verteidigungszwekken. Im 18. und 19. Jahrhundert wurde das Gelände in einen herrschaftlichen Park umgewandelt, der seit dem Ende des Großherzogtums Hessen im Jahre 1918 aus Gründen der Naherholung von der Stadt Friedberg unterhalten wird.

Rosental-Viadukt

Vom Abriß bedroht

Insbesondere vom großen Rondell haben Sie einen guten Überblick über das zwischen 1847 und 1850 erbaute »Rosental-Viadukt«. Die 24 Hallen – wie sie im Volksmund genannt werden – waren mit 275 Meter Länge und 16 Meter Höhe das technisch anspruchsvollste Brückenbauwerk in diesem Abschnitt der Main-Weser-Bahn zwischen Frankfurt und Kassel. Über die erstklassige Ingenieurleistung hinaus stellt es auch eine städtebauliche Meisterleistung des Mainzer Architekten Peter Hochgesand (1818-1896) dar, der das Brückenbauwerk in Stil und Technik eines römischen Viadukts in einem geschickten Kontrast zur mittelalterlichen Burganlage plazierte.

Mehr als 120 Jahre fuhren Züge über das Rosental-Viadukt, bis der die Geschwindigkeit der Züge mindernde Radius der Brücke 1980 den Bau einer weitgehend parallel verlaufenden neuen Brücke erzwang. Seit Jahren befindet sich nun das funktionslos gewordene Viadukt auf dem Weg zur Ruine. Die Eigentümerin, die Deutsche Bundesbahn, betreibt den Abbruch, das Landesamt für Denkmalpflege sucht einen Retter – allgemeine Ratlosigkeit ist im Umgang mit diesem Denkmal hessischen Eisenbahnbaus zur Zeit angesagt.

Aus dem Burggarten zurück auf die Burgstraße und auf die Kaiserstraße.

Kaiserstraße

Mehr als die Zeil der Wetterau

Lassen wir den Gang über die Kaiserstraße mit ein paar Zeilen aus einem Mundartgedicht von Wilhelm Konrad Philipps, des Onkel Konrad, aus den zwanziger Jahren beginnen.

»Doarch unser Kaiserstroass
werd midde
Us Fribberg hälftig
geschnidde
Sie is der Stadt ihr
Lewensader,
De Schauplatz vom
Verkehrstheader!
Kannst uffwärts räachts,
links obwärts wannern:
Äan Laode reibht sich on
de annern!«

Sie merken, die Kaiserstraße war zu allen Zeiten eine faszinierende Straße in all ihrer Quirligkeit, in all ihrer Urbanität. Auf ihr fanden die großen Friedberger Messen des Hochmittelalters statt, die damals kaum weniger bedeutend als die Messen des benachbarten Frankfurt waren. Ob in wirtschaftlicher, sozialer oder politischer Hinsicht, Sie befinden sich auf der bedeutendsten Straße der Stadt mit ehemals einer Vielzahl von Gasthäusern, Posthaltereien, adligen und klösterlichen Wirtschaftshöfen, Rathaus und Gerichtshaus sowie den Wohn- und Geschäftshäusern der einheimischen Ratsfamilien, zumeist aus dem 16. und 18. Jahrhundert. Bis Anfang des 19. Jahrhunderts wurde sie Breite Straße benannt, dann nach den hessischen Großherzögen Ludwigstraße, seit 1874 nach Kaiser Wilhelm I. Kaiserstraße. Wo finden Sie im weiten Umkreis eine mehrhundertjährige Straße von fast 600 Meter Länge und bis zu 45 Meter Breite, die noch immer Elemente der Marktstraße wie des Straßenmarkts miteinander verbindet, wenn sich auch zwischenzeitlich das Einkaufen von der Straße in die Geschäfte verlagert hat. Werfen Sie auch einen Blick auf die alten Hausfassaden, schauen Sie auf das Pflaster zu ihren Füßen in den Randstreifen, das teilweise aus dem 18. und 19. Jahrhundert stammt! Die Kaiserstraße trotzt dem Verkehr der Bundesstraßen, der sich über sie wälzt. Mindestens ebenso schwer wie der Verkehr, machen dieser Straße die weitgehende Entvölkerung der Wohnhäuser – die Erdgeschoßzonen haben mit dem alten Haus darüber fast nichts mehr zu tun – wie das Vordringen von Filialen heute zu schaffen. Auch in Friedberg feiert die austauschbare Warenästhetik nach dem Vorbild der Großstädte fröhliche Urstände.

Nr. 2 Theologisches Seminar der Evangelischen Kirche in Hessen und Nassau, erbaut 1848.

Nr. 21 Altes Rathaus, erbaut 1737–40. Barockes Portal mit Wappen der Reichsstadt Friedberg.

Nr. 41 Geburtshaus des Dichters Henry Benrath (1882–1949).

Blick durch das Burgtor in die Kaiserstraße.

Nr. 32 Hier übernachtete Martin Luther am 28. April 1521 auf der Rückreise vom Wormser Reichstag.
Nr. 50 Eine Besonderheit dieser Stadt: Dieses und andere Enggässchen, das mitten zwischen den Häusern einen kurzen Weg zum Bibliothekszentrum Klosterbau ermöglicht. Nichts für Überbreite!
Nr. 59/61 Haus zur Rose – Aus

der zweiten Hälfte des 15. Jahrhunderts. Massives Untergeschoß, einstmals Kaufhalle, Fachwerk-Obergeschoß, einstmals Wohnung. Heute befindet sich hier im Erdgeschoß die in Bürgerkreisen beliebte altdeutsche Bierstube »Die Dunkel«.

Nr. 82 Haus zur Reusen, aus ihm stammt die Familie des Humanisten und Reformators Erasmus Alber.

Nr. 86 »Schillerlinde« – Geheimtip! Hier trifft sich bei Erwins selbstgemachtem Apfelwein und einem unvergleichlichen Hackbraten alt und jung, arm und reich!

Nr. 118 Das älteste Haus Friedbergs mit romanischem Torbogen. Ende des 12. Jahrhunderts. Seit Ende des 15. Jahrhunderts Wirtschaftshof der Deutsch-Ordenskommende Sachsenhausen.

Nr. 120 Um 1720 barocke Umgestaltung des aus dem 14. Jahrhundert stammenden Gebäudes. Wirtschaftshof der Deutsch-Ordensballei Marburg, ab 1768 bis 1803 des St. Albanstiftes in Mainz.

An der Ampelanlage nach Ockstadt, einst stand hier das Innere Mainzer Tor, verlassen wir die alte Kaiserstraße und gehen in der Verlängerung der Kaiserstraße auf den Europaplatz.

Rund um Goetheplatz und Europaplatz:

Die Stadterweiterungen des 19. und 20. Jahrhunderts

Die Tore, Mauern und Türme der einstigen Stadtbefestigung wurden in Friedberg bis auf den Roten Turm und den Mauerzug an der Seewiese in der

Landratsamt.

ersten Hälfte des 19. Jhdts. abgerissen. Es brauchte aber bis zum Ende des vorigen Jahrhunderts bis sich Friedberg über den einstmals durch die Stadtmauern begrenzten Bereich hinaus entwickelte. Im Süden der Altstadt entstand ein neuer Stadtteil mit der Bismarck- und Ludwigstraße, deren Bild bis heute von großbürgerlichen Villen in historisierenden Stilen geprägt ist, sowie der von den großen öffentlichen Bauten der einstigen Blindenschule, des Postamtes und der Gewerbeschule bestimmten Mainzer-Tor-Anlage. Unterhalb der Burg und hinter der Bahnlinie in der »Vorstadt zum Garten« und der »Barbara-Vorstadt« wurden in größerem Umfang Häuser für die stetig anwachsende Arbeiterschaft gebaut. Die alte Stadt – jenseits der seit 1874 Kaiserstraße benannten Breiten Straße – mit ihren engwinkligen Gassen wurde zur Altstadt.

Zu einem weiteren städtebaulichen Schwerpunkt wurde seit den fünfziger Jahren dieses Jahrhunderts das Areal am Eingang zur alten Stadt zwischen Kaiserstraße, Goetheplatz und Europaplatz.

Auf dem **Europaplatz** die Bronzeplastik »Europa und der Stier« sowie Bronzeplatte von Richard Heß, aufgestellt 1990 anläßlich der 25 Jahrfeier der Verschwisterung der Städte Friedberg (Hessen), Bishops Stortford (GB) und Villiers-sur-Marne (F), im Eingangsbereich des Landratsamtes wei-

Augustinerschule.

tere Bronzereliefs des Künstlers.

Europaplatz 1 – **Landratsamt** des 1972 aus der Zusammenlegung der Kreise Friedberg und Büdingen entstandenen Wetteraukreises mit heute 270000 Einwohnern. Der Altbau von 1955, ein typisches Bauwerk der »Adenauer-Ära«, der Neubau von 1987/89 mit dem prägenden Plenarsaal im 1. Stock. Auf dem angrenzenden **Goetheplatz** die Bronze »Große Ruhende« von Zvone Jezovsek, aufgestellt 1967.

Goetheplatz 4 – Der gewaltige Bau der **Augustinerschule**, der von 1899 bis 1901 im Stil der Neorenaissance entstand. In der Loggia Kopie der Grabplatte des Burggrafen Brendel von Homburg, des Initiators der Schule (Original im Innenhof des Wetterau-Museums).

An dieser Stelle möchten wir vorerst den Rundgang durch Friedberg beenden. Sie können von hier aus über Schützenrain und **Mainzer-Tor-Anlage**, vorbei an der großen Bronzeplastik »Gebücktes Pferd« von Alexander Fischer, in wenigen Minuten zum Bahnhof gelangen oder gehen zurück auf die Kaiserstraße, wo Sie insbesondere im Sommer, wenn die Cafés und Eisdielen ihre Stühle und Tische ins Freie stellen, die Stadt und ihre Bürger hautnah erleben können.

Das andere Friedberg

Wo Geschichten zusammenlaufen

Es gibt noch ein anderes Friedberg, eines, das sich nicht in den kunstgeschichtlichen Führern beschrieben findet, das bisher nur geringe Würdigung fand. Es ist ein Friedberg voll praller Geschichte und Geschichten. Geschichten, die die Alten vom früheren Leben in der Altstadt erzählen; Geschichten über die geschwiegen wird, weil sie mit Krieg, Widerstand und Verfolgung verbunden sind.

Es sind Geschichten von Orten, wo der Besucher nicht hinfindet; Orte, die in keinem Hochglanzprospekt zu finden sind. Das gilt beispielsweise für die 1981 stillgelegte Friedberger Zuckerfabrik, an deren morbidem Charme sich zwischenzeitlich die Sprayer und viele Künstler erproben.

Wer die Stadtgeschichte der anderen Art konzentriert erfahren will, der sollte den Friedberger Friedhof an der Fauerbacherstraße besuchen. Dieser Friedhof, der seit 1840 belegt wurde, und seine Grabmale sind wie ein Geschichtsbuch, für den, der darin lesen kann.

Im alten Teil des Friedhofs findet sich der Grabstein des Mannes, der die erste und bisher einzige Geschichte der Stadt und Burg Friedberg 1857 veröffentlichte, Joh. Philipp Dieffenbach (1786-1860). Ein Mann, der nicht nur wegen seiner Verdienste als Historiker, sondern auch als fortschrittlicher Pädagoge seiner Zeit der Dieffenbach-Schule seinen Namen gab. Daneben steht der Grabstein von Heinrich Busold, der 1910 in einer großen Wahlschlacht als erster Friedberger wie als erster Sozialdemokrat überhaupt im Wahlkreis Friedberg-Büdingen in den Reichstag gewählt wurde. Der Grabstein, den ihm seine Freunde(!) widmeten, ebenso wie die ausschließlich von seinen Wählern bestimmte Trauerfeier – er wurde nicht kirchlich beerdigt – macht die damalige Entfremdung zwischen Kirche und weiten Teilen der Arbeiterschaft sinnfällig. Seine Lebensgeschichte, die auch ein Stück Stadtgeschichte ist, findet sich unter dem Titel »Heinrich Busold – Ein Sohn des Volkes will ich sein. Sozialdemokratie in einer ländlichen Klassengesellschaft zwischen 1870 und 1915« vom Verfasser dieser Zeilen in dem Band »Wetterau – Landschaft zwischen Tradition und Fortschritt« von 1990 beschrieben.

Die Geschichten auf dem Friedberger Friedhof bleiben nicht auf die Friedberger Stadtgeschichte beschränkt; mit den Gräbern und Denkmälern für die Toten des 1. und 2. Weltkrieges erhalten sie eine europäische Dimension. Auf dem alten (oberen) Teil des Friedhofs finden sich Gräber französischer und russischer Offiziere des 1. Weltkriegs, die im Offizierskriegsgefangenenlager Friedberg, das im ältesten Teil der heutigen amerikanischen Kaserne, der Ray Barracks, eingerichtet war, verstarben. Auf einer großen Anlage im unteren Teil des Friedhofs liegen Opfer der schweren Luftangriffe der letzten Kriegsmonate des 2. Weltkriegs auf Friedberg und besonders auf den Stadtteil Fauerbach begraben: Einheimische, Ausgebombte aus den Großstädten, Menschen, deren Identität nicht mehr festzustellen war. Die vielen Grabkreuze wurden aus dem Stein des Kriegerdenkmals für den deutsch-französischen Krieg von 1870/71 auf der Kaiserstraße gefertigt, aus den Bronzefiguren goß man Granaten und Munition. In direkter Nähe zu den kleinen Grabkreuzen in Form des Eisernen Kreuzes steht das große Holzkreuz der Heimatvertriebenen von Seestadl, die hier fern der Heimat ihrer Verstorbenen gedenken. In der sog. Ostarbeiterecke liegen in Massengräbern Zwangsarbeiter aus dem Osten, die ebenfalls bei den Luftangriffen Ende 1944/Anfang 1945 ihr Leben verloren. An einigen Stellen vermag nur der Blick in die Friedhofsakten zu eröffnen, daß hier abgeschossene amerikanische Bomberpiloten und italienische Kriegsgefangene bestattet waren, deren sterbliche Überreste in die USA bzw. auf einen zentralen Friedhof nach Frankfurt am Main überführt wurden. Schauen sie sich die Grabsteine genau an! Lesen sie auf dem Grabstein einer in Friedberg ansässigen Zigeuner-Familie, daß sie Angehörige im KZ verlor.

Im oberen Teil des Friedhofs auf der Höhe des Krematoriums findet sich das Urnengrab des aus Friedberg stammenden Schriftstellers und Büchnerpreisträgers Henry Benrath. Als eine Delegation aus Magreglio oberhalb des Comer Sees – dem Ort, in dem er seine letzten Lebensjahre verbrachte und von dem er 1944 eine Strafaktion der Wehrmacht abwendete – hier einen Kranz niederlegte, stieg in einem der italienischen Teilnehmer die Erinnerung daran auf, daß die gegenüberliegende Zuckerfabrik der Ort war, an dem er als Kriegsgefangener Sklavenarbeit leistete.

Friedberg kennt viele dieser Geschichten, aber an keinem

Ort sind sie so konzentriert wie hier auf dem Friedhof. Wenn Sie nicht den Weg auf den Friedhof finden, dann sollten Sie ab und an auf die Straßennamen schauen. Auch in unserer Stadt machen sie mit Frauen und Männern bekannt, die sonst schon lange vergessen wären. Bei einigen Straßennamen ist man fast versucht, die tieferen Schichten freizulegen, am Lack zu kratzen, denn wie allenthalben wurden 1933 nach der sog. Machtergreifung auch in Friedberg Straßen umbenannt: aus der Mainzer-Tor-Anlage wurde die Adolf-Hitler-Anlage, aus der Fauerbacherstraße die Ferdinand-Werner-Straße, die Friedrich-Ebert-Straße wurde nach einer hessischen NS-Größe umbenannt. Und jenseits der offiziellen Straßennamen gibt es Namen und Neckbezeichnungen, die nur der »alte« Friedberger dechiffrieren kann, so die Bezeichnung der Barbara-Vorstadt, des Quartiers hinter den Bahngleisen, als »Indianerviertel«, weil hier nach der Jahrhundertwende fast ausschließlich »rot«, sozialdemokratisch gewählt wurde.

Mehrere Straßen sind Männern gewidmet, die sich um die Stadt verdient gemacht haben, so die Foucar-, Steinhäußer-, Scriba- und Stahlstraße, die nach den Bürgermeistern benannt sind, die bis in die Zeit des 1. Weltkriegs die Geschicke der Stadt geführt haben. Im Stadtteil Ossenheim hat man dem letzten Bürgermeister der selbständigen Gemeinde, Richard Musch, der von 1956 bis zur Eingemeindung 1972 die Gemeinde ehrenamtlich leitete, eine Straße gewidmet. Ähnlich ist man in Dorheim verfahren, wo die Carl-Pfeffer-Straße, einen nur 28 Jahre alt gewordenen, hoch engagierten sozialdemokratischen Gemeindevertreter ehrt. In jüngster Zeit haben die Stadtverordneten erkannt, daß nicht nur Männer die Geschicke dieser Stadt bestimmt haben; mit der Anna-Kloos- und Katharina-Schackey-Straße ehrte man zwei Frauen, die 1919 für die DVP und für die USPD in die bis dahin ausschließlich von Männern bestimmte Stadtverordnetenversammlung einzogen.

Friedberger und Durchreisende

Sir Ernest Oppenheimer, 1880 in Friedberg geboren, besuchte die Augustinerschule, ging später nach Südafrika, wo er zum »Diamantenkaiser« wurde. Ein Gedenkstein befindet sich im Judenbad.

Henry Benrath, das ist **Albert H. Rausch** (* 1881 Friedberg – † 1949 Magreglio), Büchnerpreisträger des Volksstaates Hessen 1932. Vielgelesener Schriftsteller des Nachkriegsjahrzehnts mit seinen historischen Romanen »Der Kaiser Otto III.« und den Kaiserinnenromanen »Die Kaiserin Galla Placidia«, »Die Kaiserin Konstanze« und »Die Kaiserin Theophanu«. Ebenfalls noch im Buchhandel »Die Mutter der Weisheit«, die Beschreibung eines Jahres an einer fiktiven Universität im Hessischen. Gedenkplatte am Geburtshaus Kaiserstr. 39. Das Urnengrab befindet sich heute auf dem Hauptfriedhof, das Henry-Benrath-Archiv im Bibliothekszentrum Klosterbau.

Dr. Albert Stohr, Bischof von Mainz von 1935 bis zu seinem Tode 1961, wurde 1890 in Friedberg geboren. Seiner Vaterstadt immer verbunden, hatte er bei seinem 25jährigen Bischofsjubiläum der Heilig-Geist-Kirche, der zweiten katholischen Pfarrkirche in Friedberg, die Weihe erteilt. Gedenktafel am Geburtshaus Mörler Straße 20.

Fritz Usinger (1895-1982), Lyriker und Essayist, erhielt den Büchnerpreis 1946. Sein Werk liegt seit Mitte der achtziger Jahre in einer sechsbändigen Gesamtausgabe, der sog. Friedberger Ausgabe, vor. Gedenktafel am Haus Burg 20. Das Fritz-Usinger-Archiv befindet sich im Bibliothekszentrum Klosterbau.

Wilhelm Beuttel, 1900 in Friedberg geboren, wurde wegen seines Widerstandes gegen das 3. Reich 1944 hingerichtet. Beuttel war von 1922–28 Stadtverordneter in Friedberg, von 1931–33 hessischer Landtagsabgeordneter der KPD. Im Frühjahr 1933 ging er in die Illegalität und emigrierte nach Frankreich. Dort sowie später von der Schweiz und von den Niederlanden aus arbeitete er für die Exil-KPD. Nach der heimlichen Rückkehr nach Deutschland 1941 versuchte er, als Mitglied einer Gruppe um den KPD-Mann Knöchel, den Widerstand gegen das Hitlerregime unter den Arbeitern des Ruhrgebiets zu aktivieren. Die Gestapo verhaftete ihn im Januar 1943 in Berlin in der Wohnung von Karl Neuhof, einem gebürtigen Friedberger und ehemaligen KPD-Mitglied. Beuttel wurde am 27.7.1944 in Köln hingerichtet. Karl Neuhof war bereits am 5. 11. 1943 im KZ Sachsenhausen erschossen worden, seine in Friedberg wohnende Schwester Antonie »Toni« Maurer kam aus dem KZ Ravensbrück nicht mehr lebend zurück.

Ernst E. Hirsch (1902-1985). Aufgewachsen in Friedberg, als Rechtsgelehrter an den Universitäten Frankfurt, München, Berlin tätig, fand er von 1933 bis 1949 in Istanbul und Ankara Zuflucht vor der Verfolgung des 3. Reichs. Ernst E. Hirsch ist als Vater des türkischen Handelsrechts bis heute in der Türkei unvergessen. Seine Lebenserinnerungen erschienen 1982 unter dem Titel »Aus des Kaisers Zeiten durch die Weimarer Republik in das Land Atatürks« und enthalten unter der Überschrift »Vergiß nicht, wo du herkommst« eine Schilderung seiner Kindheit und Jugend in Friedberg. Gedenkplatte vor dem Geburtshaus Kaiserstraße 18/20.

Babba Hesselbach, mit bürgerlichem Namen **Wolf Schmidt,** geboren in Friedberg 1913, sorgte mit der Fernsehserie »Die Familie Hesselbach« für den Straßenfeger der sechziger Jahre. Unlängst erschien die erste Dokumentation in Schrift, Bild und Ton(!) von Sigrid Butteron u.a., Die Hesselbachs: Geschichte einer Funk- und Fernsehfamilie, Frankfurt am Main 1991.

1522 übernachtete **Martin Luther** auf der Rückreise vom Wormser Reichstag in Friedberg. Daran erinnert im Wetterau-Museum das Lutherschwert.

1874 – drei Jahre nach der Begründung des Kaiserreiches – inspizierte **Kaiser Wilhelm I.** ein Kaisermanöver, das in der Friedberger Gemarkung abgehalten wurde. Im Gedenken an diesen Aufenthalt wurde die bisher nach den hessischen Großherzögen benannte Ludwigstraße in Kaiserstraße und ein mächtiger Baum in der Friedberger Gemarkung »Am Wartfeld« Kaiserbäumchen benannt. Gedenkplatte am Alten Rathaus, Kaiserstr. 21.

1910, der letzte Zar von Rußland, **Nikolaus II.,** wohnte für mehrere Wochen mit seiner Familie und Gefolge als Gast des Großherzogs von Hessen, dessen Schwester Alice er geheiratet hatte, im großherzoglichen Schloß in der Burg Friedberg.

Von Oktober 1958 bis zum 2. Februar 1960 leistete **Elvis Presley** seinen Militärdienst in den Friedberger Ray Barracks ab. Zum Abschied von Deutschland und Friedberg erschien die Single »Muß I denn zum Städtele hinaus/ Wooden heart«. Fotographien des GIs Elvis Presley im Bibliothekszentrum Klosterbau.

Friedbergs Stadtteile

Zuerst die schwierigste aller Fragen: Wieviel Stadtteile hat Friedberg heute? Ganz offiziell die fünf, die 1972 zu Friedberg gekommen sind, in alphabetischer Reihenfolge: Bauernheim, Bruchenbrücken, Dorheim, Ockstadt, Ossenheim.
Aber dem Historiker sei es gestattet, darauf hinzuweisen, daß auch nach 92 Jahren Eingemeindung Fauerbach sich sein Eigenleben bewahrt hat. Und eine ganz andere Geschichte hat die Görbelheimer Mühle – zwischen Fauerbach und Bruchenbrücken an der Wetter gelegen – in den letzten Jahren genommen, doch davon später.
Es versteht sich, daß in der Goldenen Wetterau, in der fruchtbaren Getreide- und ab 1880 Zuckerrübenebene um Friedberg, alle Stadtteile ursprünglich bäuerlich-ländlich geprägt waren. Davon zeugen heute noch die alten Ortskerne um die Kirche. Je nach Gemeinde bestimmten große und kleine Bauern, Schmied und Wagner, aber auch viele arme Leute ohne Pflug und Acker, Knechte und Mägde das Leben dieser Dörfer teilweise bis weit in das 20. Jahrhundert hinein. Aber schon in der zweiten Hälfte des 19. Jahrhunderts begannen sich viele junge Männer und einige Frauen aus dieser engen von bäuerlichen Werten und Denken bestimmten Welt zu emanzipieren. Als gewerbliche Arbeiter, Maurer, Weißbinder, Eisenbahnarbeiter und »Fabriker« fanden sie Arbeit in Friedberg und insbesondere in und um Frankfurt, Offenbach und Hanau oder als Dienstmädchen und Servierfräulein im Weltbad Bad Nauheim. Aus den Dörfern wurden Landwirts-, Bauern- und Arbeitergemeinden. Baulich niedergeschlagen hat sich dies insbesondere in Dorheim und Bruchenbrücken, wo um die Eisenbahnhaltestellen Arbeiterhäuser ohne Stall und Scheune entstanden.
Die nächsten großen Veränderungen in den fünf Stadtteilen vollzogen sich in den zurückliegenden 50 Jahren. Einige Jahre nach Ende des 2. Weltkriegs entstanden Siedlungshäuser für die vielen Menschen, die als Folge der Vertreibungen ihre neue Heimat jetzt hier begründen wollten und mußten. Mit den Heimatvertriebenen waren auch

zum erstenmal in bemerkenswerter Anzahl Katholiken in die bis dahin fast rein evangelischen Gemeinden gekommen.

Seit den sechziger Jahren begannen größere Neubausiedlungen das Erscheinungsbild der Gemeinden tiefgreifend zu verändern. In den zurückliegenden hundert Jahren waren die Ortserweiterungen auf einige Straßen beschränkt, jetzt wurde – bedingt durch den kontinuierlichen Wanderungsdruck in das Rhein-Main-Gebiet – ein Neubaugebiet nach dem andern ausgewiesen. Zur Zeit ist diese Entwicklung allerdings abgebremst, da in einigen Stadtteilen nur noch Baugebiete für die Eigenentwicklung ausgewiesen werden.

Dieser Zuzug von Neubürgern hat – wenn auch zeitversetzt – die Stadtteile in das Rhein-Main-Gebiet integriert. Dies wird nirgendwo deutlicher, als an der S-Bahn-Haltestelle Bruchenbrücken, wenn die Anzeige »S6 FfM. – Stresemannallee« aufleuchtet. Was die Eingemeindung den Stadtteilen gebracht hat? Bürgerhäuser und Mehrzweckhallen, Kindergärten und Kinderspielplätze, Feuerwehrgerätehäuser und Sportplätze, verkehrsberuhigte Bereiche und Dorfkernerneuerungen wie sie in dieser Schnelligkeit und Ausstattungsqualität kaum aus den schmalen Säkkeln der selbständigen Gemeinden zu realisieren gewesen wären. Nicht zu sehen sind die Millionen, die für Wasser-, Abwasserkanäle und Erdgasanschlüsse unter die Erde geflossen sind. Das vielleicht überraschende Resultat: die Gebietsreform von 1972 hat zwar Bauernheim, Bruchenbrücken, Dorheim, Ockstadt und Ossenheim die politische Selbständigkeit genommen, aber – so der Eindruck – das kulturelle, sportliche und soziale Eigenleben gerade in der Auseinandersetzung mit der »Kernstadt« gestärkt.

Bauernheim

Wo die Stadt das Land küßt

Bauernheim, mit 725 Einwohnern der kleinste Friedberger Staddtteil, macht noch immer seinem Namen alle Ehre. Auch heute zählt Bauernheim noch mehrere Landwirte in seinen Mauern, während ansonsten die meisten Gemeinden der Wetterau den Bezug zur Landwirtschaft weitgehend verloren haben. Weitaus größer als die Zahl der Landwirte ist aber die Zahl derer, die jeden Morgen zur Arbeit nach Friedberg oder Frankfurt fahren. Bis 1966 endete hier die Welt am letzten Haus in Richtung Dorn-Assenheim; erst seit diesem Jahr besteht eine direkte Straßenverbindung in die östliche Wetterau.

Bruchenbrücken

S-Bahn nach Frankfurt

Bruchenbrücken, mit heute 1886 Einwohnern, ist durch die frühe Anbindung an die Main-Weser-Bahn in der Mitte

des 19. Jahrhunderts die Gemeinde unter den Stadtteilen, die sich zuerst der industriellen Welt zuwandte. Viele Bruchenbrücker arbeiteten schon sehr früh bei der Eisenbahn oder bei den Adler-Werken in Frankfurt.
Am idyllischsten zeigt sich Bruchenbrücken entlang der Wetter an der alten Mühle, doch diese Idylle trügt. Bei Hochwasser kann die Wetter so breit und reißend werden, daß sie den ganzen alten Ortskern bis zur Hauptstraße überschwemmt.

In Bruchenbrücken wurde um 1500 Erasmus Alber, Theologe und Schriftsteller, Schüler und Freund Martin Luthers, als Pfarrerssohn geboren. Er verfaßte eine erste, noch heute sehr lesenswerte Beschreibung der Wetterau.

Dorheim

Mineralwasser aus der Wetterau

Auch hier spielte die Eisenbahn Schicksal. Mit dem Anschluß an die Eisenbahn von Friedberg nach Nidda wurde Dorheim zur Arbeiterwohngemeinde. Heute hat Dorheim 2539 Einwohner und noch immer – was vor einigen Jahren nicht mehr selbstverständlich erschien – fahren die alten roten und die neuen blauen Schienenbusse.
Eine Besonderheit, als großer örtlicher Arbeitgeber wie in der Vielfalt der Produkte, stellt die hier ansässige »Wetterauer Getränkeindustrie« dar, deren Produktpalette von regionalen Spezialitäten wie Apfelwein bis hin zum weltumspannenden amerikanischen Nationalgetränk reicht.
Apropos Mineralwasser: Zwi-

schen Dorheim und Schwalheim können alle Friedberger sich bis heute in haushaltsüblichen Mengen an einer frei zugänglichen Quellfassung, die in einem kleinen Park zu finden ist, bestes Mineralwasser zapfen.

Fauerbach

92 Jahre Kampf um die Selbständigkeit

»Dribb den Damm«, die großen Bahnanlagen sind es, die bis heute die Grenze zwischen Fauerbach und Friedberg markieren. Obwohl die Eingemeindung bereits 92 Jahre zurückliegt, ist es noch immer so, daß sich die Fauerbacher zuerst als Fauerbacher und erst in zweiter Linie als Friedberger verstehen.

Was macht Fauerbach heute und früher aus? Früher vor allem die Zuckerfabrik, die vor zehn Jahren stillgelegt wurde, und auf deren Gelände in den nächsten Jahren ein großes Wohnquartier entstehen soll. Die Zuckerfabrik, die ganz Fauerbach in der Zeit der Kampagne mit einem süßlich riechenden, oft undurchdringlichen Nebel überzog, war in den Monaten von Oktober bis Dezember Mittelpunkt eines wetterauweiten Industriebezirks, von dessen Zuckerrübenfeldern sich die Traktoren und davor die Pferdegespanne in endlosen Reihen nach Friedberg bewegten.

Dieser Teil der Geschichte Fauerbachs sollte ebensowenig vergessen werden, wie die schweren Zerstörungen durch Luftangriffe, die Fauerbach im 2. Weltkrieg erlitten hat. Nicht ohne Grund steht vor der Fauerbacher Kirche ein mächtiges Doppelkreuz. Keiner der Stadtteile hatte unter der Zivilbevölkerung soviel Tote zu beklagen wie Fauerbach, keiner war so zerstört wie Fauerbach.
Übrigens: Fauerbach hat kein Bürgerhaus sondern eine Turnhalle und diese hat nicht die Stadt, sondern der Turnverein gebaut und unterhält sie bis heute. Die Turnhalle – so denke ich – wird solange vereinseigen sein, wie sich die Faucrbacher als Fauerbacher verstehen.

Ockstadt

Katholiken, Kirschen, Kuhbauern – Eine Gemeinde voller Selbstbewußtsein

Ockstadt, westlich von Friedberg, unterscheidet sich nicht nur wegen seiner Lage am Taunusrand von den anderen Stadtteilen. Friedberg und das Land um Friedberg waren seit der Reformation ausschließlich evangelisch – es gab hier mehr Juden als Katholiken bis weit in das 19. Jahrhundert hinein. Von der Reformation unberührt, blieb Ockstadt katholisch geprägt und bestimmt über all die Jahrhunderte.
Das hat Konsequenzen bis in die Gegenwart hinein. Noch immer wird das Vereinsleben

weitaus mehr als in den anderen Stadtteilen von der Konfession geprägt, noch immer, so kann man beobachten, beherrscht hier die Kirche in ihrer katholischen Prägung das gemeindliche Leben. Soweit zu den Katholiken, nun zu den Kirschen.

Bis noch vor einigen Jahrzehnten war der Obst- und insbesondere Kirschenanbau für die kleinen Bauern Ockstadts wie der benachbarten Gemeinden eine wichtige Erwerbsquelle. Der »Ockstädter Kirschenberg«, der sich vom Ort hoch zu den Taunushöhen erstreckt, war einstmals landauf, landab ein Begriff. Dies hat sich heute, wo die Zeit der Kuhbauern auch in Ockstadt schon lange abgelaufen ist, verändert. Womit wir beim dritten Begriff wären. Kuhbauern, darunter verstand man einstmals in der Wetterau einen kleinen Bauern im Vergleich zu den Pferde- und »Manschettenbauern« des benachbarten Nieder-Wöllstadt. Kuhbauern mußten selbst arbeiten, hielten Kühe als Zug-, Fleisch- und Milchtiere. Manschettenbauern ließen Knechte und Mägde arbeiten, fuhren mit Pferden, hielten Kühe alleine für die Milchproduktion. Es versteht sich, der Begriff »Ockschter Kuhbauer« beinhaltete auch, daß das Leben hier im gemächlichen Tempo der Fahrkühe voranging und es versteht sich ebenso, daß dies ein den Bewohnern von Ockstadt nicht sehr wohlgesonnener Begriff war und ist, ohne daß den meisten heute die ursprüngliche Bedeutung noch bewußt wäre.

Ossenheim

Einmal im Jahr der Nabel der Wetterau

Weitaus bekannter als Ossenheim ist das oberhalb des Ortes sich erstreckende Ossenheimer Wäldchen. Über die Ausstrahlung des dort stattfindenden Wäldchestages, der heute von den Ossenheimer Vereinen organisiert wird, haben wir an anderer Stelle schon ausführlich berichtet. Ein Muß im Wetterauer Festkalender!

Übrigens: In Ossenheim bestand im 19. Jahrhundert wie in Dorheim und Bauernheim ein Braunkohlebergwerk, sogar das erste in der Wetterau. Die riesige Grube des in der Nähe auf Dorn-Assenheimer Gemarkung gelegenen, jetzt

stillgelegten Braunkohletagebaus wird späteren Generationen vielleicht einmal als Badesee dienen.

Görbelheimer Mühle

Eine Welt für sich

Die frühere Mühlenanlage, erbaut vor der Jahrhundertwende, mit Villa, Maschinenhaus, Stallungen usw., dient heute – außer dem Wohnhaus – vielen Neubürgern als Wohn- und Arbeitsstätte. Wenn es richtig ist, daß neue Leute neue Ideen mitbringen, dann gilt dies an dieser Stelle beispielhaft. Die Galerie Hoffmann (Konkrete und konstruktive Kunst), die Keramikgalerie Ulla Hensellek und Bernhard Siller und die Galerie Haun und Hitzelberger (Moderne Druckgraphik und Kunstbuch) haben die Görbelheimer Mühle in den vergangenen Jahren zu einem Anziehungspunkt für Künstler und Publikum aus ganz Europa werden lassen. Die Anlage steht heute unter Denkmalschutz und ist ein herausragendes Beispiel dafür, wie mit privater Initiative eine Industriebrache wieder mit Leben erfüllt wurde.

Das Land um Friedberg: Reisewege in die Wetterau

Sie möchten erlebnisreiche Tage in der Wetterau verbringen, erfüllt von Kunst-, Kultur- und Naturerlebnis, etwas vom Geist dieser Landschaft spüren? Sie wollen dabei nicht nur den ausgefahrenen Wegen folgen, die meistens und durchaus sehenswert zum Kastell Saalburg und zum Freilichtmuseum Hessenpark führen, sondern eigene Wege gehen. Sie wollen sehen, wo sich die ersten Menschen niedergelassen haben, was die Römer in dieser Landschaft gebaut haben, ob die staufischen Könige hier Burgen errichtet und Städte gegründet haben, und ob auch die jüngste Vergangenheit bemerkenswerte Spuren hinterlassen hat? Folgen Sie uns zu einigen Highlights Wetterauer Geschichte, zu Orten, an denen es wirklich etwas zu sehen gibt. Alle diese historischen Stätten sind in einem Umkreis von maximal 30 km um Friedberg gelegen, sind immer mit dem Auto, aber auch mit Eisenbahn und Fahrrad erreichbar. In einigen Fällen geht es aber nur zu Fuß. Die nachfolgende Auswahl ist nicht erschöpfend, haben wir doch auch darauf geachtet, daß sich historischer Ort, Freizeit und Gastronomie vernünftig ergänzen.

Eine Liste empfehlenswerter Bücher über Friedberg und die Wetterau finden Sie am Ende dieses Abschnitts. Für einige der folgenden Denkmäler können Sie vor Ort Führungsblätter erwerben. Wir empfehlen Ihnen die Anfrage bei den Fremdenverkehrsämtern der einzelnen Städte und Gemeinden. Für den archäologischen Bereich sind die Führungsblätter zu vor- und frühgeschichtlichen Denkmälern, die die Abteilung für Vor- und Frühgeschichte im Landesamt für Denkmalpflege herausgegeben hat, grundlegende Informationsquellen. Für das ganz große Interesse gehen Sie in das Bibliothekszentrum Klosterbau in Friedberg. Hier ist fast alles vorhanden, was je zur Geschichte und der Kunstgeschichte der Wetterau erschienen ist.

Thermen der Jahrhundertwende: Bad Nauheim

Von Friedberg nach Bad Nauheim sind es nur wenige Kilometer. Historisch trennen die beiden Städte Welten. In Friedberg dominiert eine Mischung aus geschäftigem Treiben und hoch in den Himmel ragenden mittelalterlichen Bauwerken, in Bad Nauheim ein Kurbetrieb, der längst aus den Jugendstilbadehäusern der Jahrhundertwende ausgezogen ist und sich in den großen Kurkliniken niedergelassen hat. Bis weit ins 19. Jahrhundert hinein war Bad Nauheim ein Bauerndorf mit einer Saline zur Salzgewinnung, von der heute noch die Gradierbauten, Windmühlentürme, Teiche, Gräben und die wuchtigen Wasserräder – besonders eindrucksvoll an der Wetter im nahegelegenen Schwalheim – zeugen.

Von 1905 bis 1911 entstand in Bad Nauheim unter der Regie des jungen Regierungsbaumeisters Wilhelm Jost und unter dem Protektorat des Großherzogs Ernst Ludwig von Hessen eine äußerst großzügige und künstlerisch einzigartig durchgestaltete Bade- und Kuranlage.
Sie ist eine der größten ge-

schlossenen Anlagen des Jugendstils in Deutschland! Steht man am Bad Nauheimer Bahnhof, so führt der Blick über die Bahnhofsallee, konzentriert durch zwei torartige Bauwerke, hinunter zum **Sprudelhof** und schweift weiter über die Gipfel der Bäume des Kurparkes zu den Höhen des Johannisbergs. Die Verbindung von Architektur und Natur ist der Hauptreiz all' dieser Anlagen. Architektonischer Schwerpunkt dieser Achse ist der Sprudelhof mit seinen in Brunnenschalen gefaßten Sprungquellen, die ständig aus der Tiefe emporquellen und wieder hinunterstürzen. Der Platz wird umgeben von den Badehäusern mit Arkadengängen, deren Architektur von einem frei aufgefaßten Barock geprägt ist. Dagegen feiert im Inneren der Badehäuser, in den Wartehallen, den Schmuckhöfen und Badezellen der figürliche und abstrakte Jugendstil Triumphe! Jedes Detail, die Türen, die Innenausstattungen, die Brunnen, insbesondere aber die Fenster sind aufs sorgfältigste von den verschiedensten Künstlern und Ateliers durchgestaltet. Keine Wartehalle, die im Grundriß oder Aufriß, in Material, in Form oder Farbe der anderen gleicht. Kein Schmuckhof mit seinen Brunnen oder Wasserspeiern, kein Fenster, kein Fürstenbad, das nicht ein in sich geschlossenes Werk darstellte.

Führungen:
Mittwoch und Donnerstag 15 Uhr.

An die Thermen der Jahrhundertwende schließt der alte **Kurpark** an, ein 1857 von dem Gartenarchitekten Siesmayer – ebendem der durch den Palmengarten in Frankfurt berühmt wurde – geschaffener Landschaftsgarten. Im Teichhausschlößchen im alten Park befindet sich das **Salzmuseum**, ein auf die Geschichte der Saline von der Vorgeschichte bis zur Neuzeit und des Solbades spezialisiertes Museum, in dem auch Fürsten- und Salonbadezellen aus den Badehäusern des Sprudelhofs zu sehen sind.

Öffnungszeiten:
Dienstag, Donnerstag,
Samstag 15.30–17.30 Uhr,
Sonntag 9.30–11.30 Uhr.

Als geschlossenste Schöpfung Josts ist die **Trinkkuranlage** von 1911 anzusehen. Ein Freiraum wird dreiseitig von Wandelhallen umgeben. Hinter einem Wasserbecken ist zur Gartenfläche ein Musiktempel als Muschel hochgezogen, der die vierte Seite dieser allseitig umschlossenen Anlage bildet. Wichtiges Glied in ihr ist die tempelartige Zentralhalle für den Trinkbrunnen.

Das Land der Dichter und Henker: Goethe und Hitler auf Schloß Ziegenberg

Auf dem Weg von Bad Nauheim nach Nieder-Weisel empfiehlt es sich, einen Abstecher nach **Schloß Ziegenberg**, einem Ortsteil von Langenhain, am Oberlauf der Usa zu machen. Am Fuß des Schloßareals hat das nach einer Idee Goethes entworfene und von dem Weimarer Hofbildhauer Gottlieb Martin Klauer gestaltete Denkmal »Das dreifach gefesselte Glück« seine Aufstellung gefunden. Seit 1940 befand sich hier und im benachbarten Wiesental eines der **Führerhauptquartiere**, der »Adlerhorst«. Adolf Hitler hielt sich während der Ardennenoffensive vom 11. Dezember 1944 bis zum 15. Januar 1945 hier auf. Der Luftangriff der Alliierten vom 19. März 1945 und die Sprengungen, die zuerst die Wehrmacht bei der Räumung der Bunker, in der Nachkriegszeit dann die Amerikaner vornahmen, haben allerdings von den großen Bunkeranlagen nicht mehr viel übriggelassen.

Von Ziegenberg aus läßt sich auch eine schöne Wanderung den **Limes** entlang unternehmen, der in den dortigen Taunuswäldern über Kilometer im Gelände mit Wall, Graben und Turmfundamenten sichtbar ist. Wer die Zeit hat, sollte dabei nicht den Besuch eines wiederaufgebauten und besteigbaren römischen Signalturms im Bereich des Gaulskopf und des in seinen Grundmauern erhaltenen Kastells Kapersburg versäumen.

Ein Krankenhaus besonderer Art: Nieder-Weisel

In Nieder-Weisel ist mit der am Anfang des 13. Jahrhunderts erbauten **Johanniterkirche** eine der wenigen zweigeschossigen Längskirchen in Deutschland zu sehen. Das Erdgeschoß diente dem Gottesdienst, das Obergeschoß war für die Krankenpflege bestimmt. Drei Öffnungen im Boden bildeten eine Verbindung zu der darunter liegenden Kirche, damit Schwerkranke auf diese Weise am Gottesdienst teilnehmen konnten. Der Kirchenraum selbst ist eine dreischiffige gewölbte Halle aus vier Jochen mit drei halbrunden Apsiden im Osten. Vorbilder für die doppelgeschossige Anlage sind im Elsaß zu finden, für die Einzelbauformen im benachbarten Münzenberg und in Ilbenstadt.

Führungen auf Anfrage unter 06033/18030 oder 3896.

Eine alte Stadt: Butzbach

Residenz und Markt prägen bis heute das Bild der **Butzbacher Altstadt**. Stattliche Fachwerkhäuser, zumeist ehemalige Gasthäuser des 17. und 18. Jahrhunderts, bestimmen bis zu vier Geschosse hoch das malerische Bild des Marktplatzes. Der ehemalige Residenz-

charakter der Stadt wird deutlich in dem früheren landgräflich hessischen **Schloß** und dem Solmsschen Amtsbau mit einem originellen Treppenhaus von 1588. Insbesondere zeigt er sich aber in der Grablege des Landgrafen Philipp III. von Hessen-Butzbach und seiner beiden Gemahlinnen in der **Markuskirche**. Das im südlichen Chor zu findende Baldachinepitaph mit der darunter liegenden Gruft, die feine, 1622 datierte Stuckreliefs zieren, bildet das wertvollste Denkmal der Pfarrkirche.

Das **Museum** Butzbach mit einer bemerkenswerten Sammlung an Trachten wie dem Archiv für den Mitkämpfer Georg Büchners, Ludwig Weidig, ist derzeit wegen Umzugs, verbunden mit einer völligen Neuaufstellung der Bestände, geschlossen. Die Wiedereröffnung am neuen Standort ist für Ende 1993 vorgesehen.

Waldeinsamkeit: Kloster Arnsburg

Bestimmten bisher Städte und Dörfer das Bild der goldenen Wetterau, so erfolgt mit Kloster Arnsburg ein völliger Wechsel der Szenerie. Durch die für ein Zisterzienserkloster typische Lage in der Waldeinsamkeit, die Qualität der Architektur der **Klosterkirche** aus dem Ende des 12. Jahrhun-

derts und die heutige malerische Durchdringung ihrer eindrucksvollen Mauerreste mit der Natur ist hier eine der schönsten Ruinen in Deutschland zu finden.

Die erhaltenen Bauteile sowie die ausgegrabenen Fundamente erlauben auch dem ungeübten Betrachter die Vorstellung von der einstigen Gestalt der großen dreischiffigen Basilika mit Querschiff und vielteiliger Choranlage im Osten sowie der Paradiesvorhalle im Westen. Die innere Wirkung der durch die Säkularisation zur Ruine gewordenen Klosterkirche ist – trotz der verringerten Höhe und des fehlenden Abschlusses mit Gewölben – monumental.

An ehemaligen Klostergebäuden sind in Restbeständen der Kapitelsaal, das Parlatorium, das Dormitorium und das Refektorium erhalten. Der Kreuzhof wurde 1958 als **Kriegsopferfriedhof** ausgestaltet. Die von einer SS-Einheit am 26. März 1945 bei Hirzenhain ermordeten 81 Frauen und sechs Männer liegen hier begraben. Unschwer läßt sich selbst aus diesen Ruinen noch ablesen, daß Arnsburg das bedeutendste Kloster der Wetterau war. Nach dem Niedergang im Dreißigjährigen Krieg gab es eine letzte Blüte im 18. Jahrhundert. Diese hat sich in den noch intakten barocken Konventsbauten, insbesondere im Prälatenbau von 1727, der einstigen Abtswohnung, niedergeschlagen.

Das Wetterauer Tintenfaß: Burg Münzenberg

Die Verwendung des Superlativs für eine der schönsten Ruinen in Deutschland gilt auch für die nur wenige Kilometer entfernte **Burgruine Münzenberg**, die bis zum heutigen Tage über weite Entfernungen das Landschaftsbild der Wetterau bestimmt. Sie ist der großartigste Wehrbau in Hessen und zusammen mit der Wartburg bei Eisenach auch der bedeutendste, der aus dem hohen Mittelalter in Deutschland überkommen ist. Wie Arnsburg, so ist auch Münzenberg nicht ohne die beherrschende Gestalt der staufischen Kaiser zu verstehen. Hatten diese doch im Zuge ihrer erstarkenden Macht versucht, unter Ausnutzung vorhandener Reichsgüter das Gebiet von Wetterau und Untermain in ein großes Reichsterritorium umzuwandeln. Dazu diente die Gründung der Reichsstädte Wetzlar, Friedberg und Gelnhausen sowie die Anlage einer Kette von Burgen, die sich von Runkel über Wetzlar, Friedberg, Münzenberg und Büdingen bis Gelnhausen erstreckte.

In der Burg Münzenberg gewann der imperiale Anspruch seine höchste Ausformung, der noch heute mit den beiden Rundtürmen weithin in die Landschaft ausstrahlt. Letztere haben der Burg im Volksmund den treffenden Namen »Wetterauer Tintenfaß« gegeben. Die gemeinsame politische Idee, die hinter diesen ganzen Gründungen stand, führte auch im künstlerischen Bereich zu Verwandtschaften zwischen den Burgen, Städten und Klöstern. Man betritt die Burg auf dem einzigen heute noch benutzten Zugang durch die beiden jüngeren Torbauten der **Kernburg**. Von dort hat man einen faszinierenden Blick auf das prachtvolle Buckelquader-Mauerwerk der staufischen Ringmauer. Im Burghof angekommen, erblickt man links den großartigen Palas, der in die Zeit des letzten Viertels des 12. Jahrhunderts zu datieren ist. Der reich verzierte und noch weitgehend erhaltene Ostteil diente der Ausübung der Reichsgewalt. Der Westteil dagegen war das Wohnhaus der Burgherrschaft mit seinem Saal der Repräsentation und Rechtsprechung. Die Schaufront des **Palas** mit seinen Fensterarkaden ist das Prunkstück der Burg. Zu dem staufischen Bestand zählt auch zum Teil der östliche runde Bergfried. Alle anderen Gebäude, der zweite Palas und der weitere Bergfried, gehören stilgeschichtlich nicht mehr der Romanik, sondern schon der Gotik der zweiten Hälfte des 13. Jahrhunderts an.

Der hohe Reiz, den die Burg

für sich geltend machen kann, gilt auch für das unterhalb der Burg liegende **Städtchen Münzenberg**. Eine ländliche Siedlung, die, insbesondere im Steinweg mit seinem gleichförmigen Gefüge von Fachwerkhäusern und Holzportalen des 18. Jahrhunderts, eine der schönsten Straßen Oberhessens aufweist. Zwischen Bad Nauheim und Münzenberg verkehrt an bestimmten Tagen des Sommerhalbjahres auch eine nostalgische Museumseisenbahn.

Nähere Auskünfte erteilt der Verein Eisenbahnfreunde Wetterau e.V., Tel. 06032/32125.

Vom Kloster zur Strafanstalt: Rockenberg

Weiter führt der Weg nach Rockenberg, einer katholischen Enklave in der seit der Reformation weitgehend protestantischen Wetterau. Am Rande des Dorfes liegt das ehemalige **Zisterzienserinnenkloster Marienschloß,** dessen Kirche und Klostergebäude 1733 bis 1741 neu erbaut wurden. Eine Besichtigung ist heute nicht mehr möglich, da in dem Gebäudekomplex eine Jugendstrafanstalt untergebracht ist. In erhöhter Lage im Dorf findet sich die katholische Pfarrkirche **St. Gallus** mit dem gotischen, achteckigen Westturm, der das Wettertal weithin überragt. Das Langhaus selbst stammt aus der Mitte des 18. Jahrhunderts und besitzt eine Originalausstattung aus der Bauzeit in Rokokoformen.
An der Hauptstraße ist die **Burg** gelegen, ein wuchtiger viergeschossiger Wohnturm, in Resten umgeben von Mauern und drei Türmen. Er ist ein für die Zeit des ausgehenden Fehdewesens beispielhafter Sitz eines Ritters!

Das Rosendorf Steinfurth

In der **Kirche** des benachbarten Steinfurth hat sich Georg Philipp Löw zu Steinfurth mit

seinem 1712 errichteten Prunkgrabmal verewigt. Ein kleiner Landadliger ließ sich hier unter Verwendung erlesenster Materialien und in Anlehnung an die Grabmale im Fuldaer Dom von dem dortigen Hofbildhauer Johann Heinrich Ernst Mockstatt ein exzellentes Denkmal im Stil des Barocks errichten. Steinfurth hat sich seit dem Ende des vergangenen Jahrhunderts als »**Rosendorf**« national und international einen Namen gemacht. Es ist ein eindrucksvoller Anblick, wenn ab Juni in den verschiedenen Schaugärten die unterschiedlichsten Rosen erblühen. Der Geschichte der Rose in Literatur, in den Künsten, in Naturwissenschaften sowie der Geschicke des Rosendorfs ist das **Rosenmuseum** in der Alten Schulstraße 1 gewidmet.

Öffnungszeiten:
Mittwoch-Samstag 14–17 Uhr,
Sonntag 10–17 Uhr.

Eine Seufzerbrücke in der Wetterau: Staden

Über Bad Nauheim und Friedberg kann der Weg nach Staden führen. Hier sind bemerkenswert die **Holzbrücke** über die Nidda mit ihrer weit und breit einzigartigen Fachwerküberbauung aus dem Ende des 17. Jahrhunderts und die ehemalige **Wasserburg**. An letzterer haben sich – wenn auch oft nur in geringen Spuren – die Romanik mit einer Ringmauer, die Gotik und die Renaissance mit dem Schloß niedergeschlagen.

Adelslandschaft Wetterau: Schloß Assenheim und Hofgut Wickstadt

Hinter dem neuen Ortsnamen Niddatal verbergen sich drei Kleinode: das ehemalige Residenzstädtchen Assenheim, das ursprünglich zum Kloster Arnsburg gehörende Hofgut Wickstadt und das Prämonstratenserkloster Ilbenstadt mit der Klosterkirche, dem »Dom der Wetterau«. Das heutige **Hofgut Wickstadt** wird noch immer durch das Ende des 18. Jahrhunderts entstandene Ba-

rockschlößchen beherrscht. Ältestes Bauwerk auf dem Gut ist allerdings der Wehrspeicher, der sogenannte Pfortenturm, ein Bau aus der ersten Hälfte des 15. Jahrhunderts. Auf zwei steinernen Untergeschossen erhebt sich ein zweigeschossiger Fachwerkbau mit wandhohen Ständern und Streben.
Im benachbarten Assenheim entstand zu Ende des Heiligen Römischen Reiches Deutscher Nation, wie es für viele dieser kleinen Residenzen in Oberhessen typisch ist, eine dann unvollendet gebliebene **Schloßanlage**. Erbaut wurden 1788/93 nur der östliche Seitenflügel und zwei Achsen des Hauptflügels. Der Anbau stammt aus der Mitte des 19. Jahrhunderts. Besonders erwähnenswert ist die qualitätvolle klassizistische Innenausstattung aus der Bauzeit mit geschnitzten Vertäfelungen, Mobiliar im Stil des deutschen Louisseize und Sitzmöbeln im neuen englischen Stil von Hepplewhite.
Öffnungszeiten:
nach Vereinbarung.

Die historische Entwicklung von der Burg des Mittelalters, ummauert mit den charakteristischen Buckelquadern, über das Schloß eines souveränen Landesherrn hin zur gutbürgerlichen Wohnanlage privilegierter Untertanen, läßt sich in Assenheim in den Resten der Burg im eben beschriebenen unvollendeten Schloß und im benachbarten Amalienhof unschwer nachvollziehen.

Der Dom der Wetterau: Ilbenstadt

Ein letzter Superlativ gilt der **Prämonstratenser-Klosterkirche** in Ilbenstadt. Erbaut im Zeitraum von 1123/59 zählt sie zu den bedeutendsten romanischen Kirchen in Hessen. Mit ihr bildete sich die staufische Baukunst durch den Einfluß Frankreichs und Oberitaliens in den wesentlichen Elementen – Monumentalität, Plastizität und Schmuckfreudigkeit – in dieser Landschaft voll aus. Die ehemalige Klosterkirche wurde als mittelgroße, langgestreckte, dreischiffige Basilika mit Querschiff und einer monumentalen fünfgeschossigen Doppelturmfassade erbaut. Die vorzügliche Bauornamentik in Chor und Querschiff, besonders aber in der Westhalle, wurde von oberitalienischen Steinmetzen gestaltet. Diese waren geschult an antiken Originalen und verfügten über eine souveräne Beherrschung der Technik.

Veränderungen in der klassisch-romanischen Gestaltung wurden durch die Zerstörungen des Dreißigjährigen Krieges ausgelöst. Die Gewölbe im Mittel-, Quer- und Seitenschiff sowie im Chor sind ein Werk vom Ende des Mittelalters. Von den ehemaligen **Klostergebäuden** ist besonders das obere Tor, der sogenannte Gottfriedsbogen von 1721, bemerkenswert, der sich ähnlich im Prälatenbau des Klosters Arnsburg findet.

Tagsüber geöffnet, Führungen auf Anfrage unter 06034/2285.

Um Leben und Tod: Gerichtsstätte des Freigerichts Kaichen

Südlich von Kaichen findet sich die **mittelalterliche Gerichtsstätte** des Freigerichts Kaichen: ein steinerner Tisch, von einer hufeisenförmigen Steinbank umgeben, an der offenen Seite ein Säulenstumpf. Das war die Gerichtsstätte für die Dörfer, die zu dem Kaichener Gericht gehörten. Hier wurde bis ins 18. Jahrhundert über Leben und Tod entschieden.

Störche über dem Bingenheimer Ried

Nicht vergessen sollten Sie auch einen Besuch in der östlichen Wetterau, die hier anfängt in den Vogelsberg überzugehen. Machen Sie doch eine Nostalgiefahrt daraus! Steigen Sie ein in einen der alten roten Schienenbusse aus der Mitte der fünfziger Jahre, die heute im Stundentakt zwischen Friedberg und Nidda fahren. In Beienheim sind direkt an der Haltestelle Relikte des erst kürzlich eingestellten Braunkohleberg- und tagebaus aufgestellt. Möglicherweise sehen Sie während der Vorbeifahrt über dem **Bingenheimer Ried** Störche kreisen, die sich hier wieder angesiedelt haben. Weitere Überraschungen warten auf Sie.

Kurpark mit Eisenbahnanschluß: Bad Salzhausen

In Bad Salzhausen steigen Sie mitten im sehr schönen und ausgesprochen ruhigen **Kurpark** aus. Fast alle Wege von der kleinen Haltestelle führen zu dem Komplex von **klassizistischen Kurgebäuden**, die Georg Moller (1784-1852), der bedeutendste Architekt und Baumeister des Großherzogtums Hessen in der ersten Hälfte des 19. Jahrhunderts errichtet hat.

Eine Basilika in Oberhessen: Geiß-Nidda

Einen Kontrapunkt zum Klassizismus Bad Salzhausens stellt die **evangelische Pfarrkirche** von Geiß-Nidda dar, eine der wenigen gotischen Basiliken in Oberhessen. Um die Kir-

che zu besichtigen, gehen Sie in Bad Salzhausen vom Kurhaus weiter zur **Trinkkuranlage** und zum **Wasserrad** und dann weiter durch den Kurpark und vorbei an Wiesen und Äckern zum wenige hundert Meter entfernten Geiß-Nidda. Wem das alles zu anstrengend ist oder als wohlverdiente Alternative nach soviel geballter Kultur, der entspannt seine müden Glieder im **Thermalbad** in Bad Salzhausen und fährt dann vielleicht mit einem Schienenbus der neuesten Serie nach Friedberg zurück.

Das bedeutendste vorgeschichtliche Denkmal Hessens: Der Glauberg

Nur mit dem Auto erreichbar ist dagegen das wenige Kilometer von Bad Salzhausen entfernte Hochplateau des Glaubergs, hier findet sich der bedeutendste **vor- und frühgeschichtliche Siedlungsplatz in Hessen**, auf dem Wälle, Hausmauern wie Befestigungsanlagen von der Steinzeit bis ins Hohe Mittelalter zu besichtigen sind.

Grabungsfunde sind sonntags zwischen 14 und 15 Uhr in der Sammlung Glauburg der Öffentlichkeit zugänglich.

Kunstguß und Massengrab: Hirzenhain

Im wenige Kilometer entfernt liegenden Hirzenhain ist sowohl die **Klosterkirche St. Maria** sehenswert als auch das in unmittelbarer Nähe befindliche **Kunstgußmuseum** mit seinem reichen Bestand an Erzeugnissen des Eisengusses – vom großen eisernen Ofen mit Bibelmotiven bis zum filigranen Schmetterling.

Öffnungszeiten:
Sonntag von 10–12 und 13–16 Uhr, Donnerstag 10 Uhr mit Führung und nach Vereinbarung.

Ca. 2 km außerhalb des Ortes ist am Waldrand an der Straße nach Glashütten weithin sichtbar ein übermannshohes Sandsteinkreuz zu sehen – ein Denkmal für die 81 Frauen und sechs Männer aus ganz Europa, die wenige Tage vor Kriegsende, am 26. März 1945, an dieser Stelle von einer SS-Einheit ermordet wurden.

Empfehlenswerte Bücher über die Wetterau

Ein Bildband: *Ludwig Kramerczyk und Gustav Hildebrand, Wetterau und Vogelsberg*, Würzburg 1983. DM 42,00.

Nicht nur für Wanderfreunde: *Werner Reitz, Wanderführer Wetterau und Vogelsberg. Wanderungen mit dem Vogelsberger Höhen-Club*, 2. Aufl. Gießen 1991. DM 17,80.

Weiterführende ausführliche Informationen über unsere Landschaft enthält der Band: *Die Wetterau. Landschaft zwischen Tradition und Fortschritt. Hrsg. von Herfried Münkler und Michael Keller*, Friedberg 1990. DM 49,00.

Die folgenden Kunstreiseführer enthalten jeweils umfangreiche Abschnitte über die Wetterau und ihre Orte:

Friedhelm Häring und Hans-J. Klein, Hessen. Vom Edersee zur Bergstraße, 9. Aufl. Köln 1989. (DuMont Reiseführer) DM 44,00.

Georg Dehio, Handbuch der deutschen Kunstdenkmäler, Band Hessen. Bearb. von Magnus Backes. 2. Aufl. München 1982. DM 60,00.

Für archäologisch interessierte Leser: *Vera Rupp (Hrsg.), Archäologie der Wetterau. Aspekte der Forschung*, Friedberg 1991. DM 49,00.

Für zeitgeschichtlich interessierte Leser: *Michael Keller, »Das mit den Russenweibern ist erledigt«* – Rüstungsproduktion, Zwangsarbeit, Massenmord und Bewältigung der Vergangenheit in Hirzenhain 1943-1991, Friedberg 1991. DM 23,80.

Eine empfehlenswerte Karte ist die *Wetterauer Wander- und Radwanderkarte mit Freizeiteinrichtungen* für DM 5,00.

Sämtliche aufgeführten Bücher und Karten sind im Buchhandel erhältlich. Wer darüberhinaus Literatur zum Thema sucht, findet in Friedberg im Bibliothekszentrum Klosterbau eine große Sammlung zu Geschichte und Gegenwart der Wetterau.

Wohin in Friedberg: Von »Aktuelles« bis »Vorträge und Lesungen«

Aktuelles

In der Wetterauer Zeitung wie in unterschiedlichem Umfang in der Wetterau-Ausgabe der Frankfurter Rundschau, der Rhein-Main-Ausgabe der Frankfurter Allgemeinen Zeitung und der Nordausgabe der Frankfurter Neuen Presse. Mehrmonatige Veranstaltungsübersicht und -vorschau im »Friedberg-Magazin«, der Monatsbeilage zur Wetterauer Zeitung.

An- und Abreise

Mit Bus und Bahn:
Bahnhof Friedberg (Hessen): Interregio Hamburg-Konstanz, Endpunkt der S-Bahn S 6 im Frankfurter Verkehrsverbund, DB-Verbindungen nach Bad Homburg, Hanau, Nidda, Hungen, Buslinien in die Wetterau.
Haltestelle Dorheim an der Strecke Friedberg (Hessen) – Nidda.
S-Bahnhaltestelle Bruchenbrücken an der S6 Frankfurt (Main) – Friedberg (Hessen) Park und Ride.
Wichtiger Knotenpunkt für Busse an der Kaiserstraße.

Mit dem Auto:
BAB A 5 Frankfurt – Kassel und BAB A 45 Dortmund – Hanau (Sauerlandlinie), B 3, B 275 und 455.

Auskunft/Information

Amt für Stadthallenverwaltung, Fremdenverkehr, Ausstellungs- und Messewesen in der Stadthalle, Am Seebach, 61169 Friedberg (Hessen),
Tel. 06031/88205,
Fax 06031/61270.

Aussichtspunkte

Adolfsturm in der Burg Friedberg, *geöffnet Dienstag bis Sonntag in der Zeit vom 1. 3.–31. 10. von 10–12 Uhr und 13–17 Uhr, in der Zeit vom 1. 11.–28. 2. von 11–15 Uhr.*
Turm der Stadtkirche (nur bei Führungen).
Vom Restaurant auf dem Johannisberg über die Wetterau, oberhalb von Bad Nauheim gelegen.

Bäder

Usa-Wellenbad zwischen Friedberg und Bad Nauheim,
Tel. 06032/2007.

Freibad Ockstadt, Tel. 06031/5756. Thermalbäder in Bad Nauheim Tel. 06032/344-227 und in Bad Salzhausen, Tel. 06043/5651.

Bibliotheken und Archive

Bibliothekszentrum im Klosterbau, Augustinergasse 8, Tel. 06031/88277. Stadtbibliothek, Stadtarchiv 88216 und wissenschaftliche Regionalbibliothek, kulturelle Veranstaltungen.
Öffnungszeiten:
Montag, Dienstag und Freitag von 13–18 Uhr, Donnerstag von 9.30–12.30 und 14–19 Uhr.

Bücher und Stadtpläne zu Friedberg und den Stadtteilen

Friedberg in der Wetterau – Ein Bildband von Walter Bensch und Hans Schwarz mit einem historischen Überblick von Hans Wolf, Friedberg (Hessen) 1983.

Hermann Roth, Friedberg – Ein Wegweiser, Friedberg (Hessen) 1985.

Dieter Wolf, Aus der Geschichte eines Wetterau-Dörfchens – 1200 Jahre Bauernheim 778–1978, Friedberg (Hessen) 1978.

Magistrat der Stadt Friedberg (Hessen), 1200 Jahre Dorheim – Beiträge zur Geschichte und Gegenwart eines Friedberger Stadtteils, Friedberg (Hessen) 1975.

Stadtpläne und Karten:

Friedberg mit Bad Nauheim, 1:15000, Falk-Verlag.

Friedberg (Hessen), 1:15000, Städte-Verlag.

Empfehlenswert ist die Wetterauer Wander- und Radwanderkarte mit Freizeiteinrichtungen.

Sämtliche aufgeführten Bücher und Karten sind im Buchhandel erhältlich. Für das **vertiefte Interesse** siehe Literaturangaben in »*Stichworte: Kleine Friedberger Enzyklopädie*« und am Ende des Beitrags »*Das Land um Friedberg: Reisewege in die Wetterau*«.

Im Bibliothekszentrum Klosterbau sind alle genannten Publikationen einzusehen oder ausleihbar.

Einkaufsmöglichkeiten, Essen und Trinken

Auf, bzw. links und rechts der Kaiserstraße.

Frauenkultur und Frauenbildung

Frauenzentrum, Usagasse 8 (Eingang Judengasse), 61169 Friedberg (Hessen), Tel. 06031/2511. »Kneipe« (mit Programm 14tägig) jeden Freitag ab 20 Uhr

– »Frauenfilm« jeden 3. Mittwoch im Monat im Kino-Center ab 20.15 Uhr.

Flughafen

Rhein-Main-Airport mit dem Pkw auf A 5 zum Frankfurter Kreuz oder mit Interregio und S-Bahn nach Frankfurt-Hauptbahnhof und von dort weiter mit S-Bahn zum Flughafen.

Führungen:

Amt für kulturelle Angelegenheiten der Stadt Friedberg im Wetterau-Museum, in direkter Nähe zur Stadtkirche – Eingang Haagstr. 16,
61169 Friedberg (Hessen),
Tel. 06031/88215 oder 88261,
Fax 06031/18396.
Postanschrift:
Postfach 100964,
61149 Friedberg (Hessen).

Galerien

Auf der Görbelheimer Mühle zwischen Friedberg und Bruchenbrücken.

- Galerie Hoffmann (Konkrete und konstruktive Kunst), Tel. 06031/2443.
- Keramikgalerie Ulla Hensellek und Bernhard Siller, Tel. 06031/5389.
- Galerie Haun und Hitzelberger (Moderne Druckgraphik und Kunstbuch), Tel. 06031/2429.

Im Wetterau-Museum

- Galerie des Kunstvereins Friedberg, Tel. 06031/92062.

Hotels

Amt für Stadthallenverwaltung, Fremdenverkehr, Ausstellungs- und Messewesen in der Stadthalle, Am Seebach,
61169 Friedberg (Hessen),
Tel. 06031/88205,
Fax 06031/61270.

Jahrmärkte und Volksfeste/Festkalender

Fastnachtszug am Fastnachtsdienstag.
Wäldchestag im Ossenheimer Wäldchen – Im einzigen Stück Wald zwischen Taunus und Vogelsberg trifft sich alt und jung alljährlich am Nachmittag und Abend des Pfingstdienstags. Ist das Volksfest auch nicht so groß wie sein Frankfurter Pendant, so zählt es doch zu den absoluten Highlights im Wetterauer Festkalender.
Altstadtfest und Historischer Jahrmarkt in der Burg im Juni oder Juli.
Burgfest vor oder nach den Sommerferien. Mindestens so wichtig, wie die meist sehr gelungene Musikauswahl auf den drei Bühnen, ist, daß man dort Leute trifft, die man sonst das ganze Jahr über nicht sieht!
Am bedeutendsten der **Herbstmarkt** mit großem Bierzelt

und Vergnügungspark am dritten Wochenende im September auf der Seewiese. Die Prämierung der aufgetriebenen Pferde, Kühe, Schweine, Schafe und Ziegen am Sonntagmorgen darf man nicht versäumen!

Kartenvorverkauf

Kartenvorverkauf Messerschmidt, Färbergasse (in Joh's Schuhmarkt), Tel. 06031/5355.

Kino

Kinocenter Friedberg,
Bismarckstr. 24b,
Tel. 06031/5508.

Konzerte

In der Stadthalle: Volkstümlich, Musical, Pop, Folklore durch Filmore Concerts,
Tel. 06031/72700.
Schauspiel, Gospel, Musical, Comedy, Theater für Kinder durch Volksbühne Friedberg e.V., Tel. 06031/88261.
Kleinkunst, Rock- und Bluesveranstaltungen im Café Kaktus, Hospitalgasse 16,
Tel. 06031/15684.
Open Air in der Burg: Burgfest des Stadtjugendrings,
Tel. 06031/88263
Im Burggarten: »Sommersprossen« – Comedy, Oratorien, Gospel, Blues u.v.a.m. – Eine Veranstaltungsreihe des Amts für kulturelle Angelegenheiten der Stadt Friedberg (Hessen), Tel. 06031/88261.
Weltliche und geistliche Musik, Oratorien in der Stadtkirche, Burgkirche und Stadthalle: Friedberger und Oberhessische Kantorei und Musikverein Friedberg e.V..
In den Bürgerhäusern und Dorfgemeinschaftshäusern der Stadtteile viele Konzerte durch die örtlichen Gesangvereine.

Kureinrichtungen

Im benachbarten Bad Nauheim Thermalbad, Kurkliniken, Spezialkliniken,
Tel. 06032/344-0.

Lokale Feiertage

Fastnachtsdienstag.
Dienstag nach Pfingsten, nachmittags: Wäldchestag im Ossenheimer Wäldchen.
Herbstmarktdienstag.

Märkte

Jeden Mittwoch und Samstagvormittag entlang der Kaiserstraße von der Wolfengasse bis zur Apothekergasse.
Maimarkt und Weihnachtsmarkt in der Altstadt.

Museum

Wetterau-Museum, Haagstr. 16 (An der Stadtkirche),
Tel. 06031/88215,
Dienstag bis Freitag 9–12 und 14–17 Uhr, Samstag 9–12 Uhr und Sonntag 10–17 Uhr.

Notdienste

Notruf 110, Feuerwehr 112, Rettungsdienst – Ärztlicher Notdienst 60000, Polizeidirektion 601-0, Kreiskrankenhaus Bürgerhospital 89-0.

Parken

Großparkplätze in der Innenstadt kostenpflichtig: Parkdeck Alte Bahnhofstraße, Tiefgarage am Landratsamt, Parkplatz an der Ockstädterstraße.
Großparkplätze: Hinter der Stadthalle, Am Burgfeld.

Partnerstädte

Villiers-sur-Marne (Frankreich), Bishop's Stortford (Großbritannien), Magreglio und Barni (Italien).
Verleihung der Europafahne 1990.
Patenstadt Seestadl.

Sport und Freizeit

Usa-Wellenbad – Naherholungsgebiet Seewiese (Natureisbahn im Winter) – Burggarten – Grillplätze Mathildenruh und Ockstadt – Alter Sportplatz – Burgfeld unterhalb der Burg für Fußballspiele und Leichtathletikwettkämpfe, in den Stadtteilen Fußballplätze.
In Friedberg und den Stadtteilen mehrere Sporthallen, weiterhin in privater Trägerschaft Hallen und Studios für Bowling, Reiten, Tennis, Squash und Fitness. Eislauf und Golf in Bad Nauheim. Badeseen in Inheiden und vor Schotten. Loipen und Lifte am Hoherodskopf im Vogelsberg.

Tage des internationalen religiösen Films

Informationen zum einzigen religiösen Filmfestival in Europa unter Tel. 06031/5620.

Taxis

Standplätze am Bahnhof, auf der Kaiserstraße, an der Burg, in der Wolfengasse und vor der Stadthalle.

Theater

Schauspiel- und Musicalgastspiele in der Stadthalle wie Theater für Kinder veranstaltet die Volksbühne Friedberg e.V., Tel. 06031/88261.

Vorträge und Lesungen

Im Bibliothekszentrum Klosterbau Vorträge, Lesungen und Matineen durch den Friedberger Geschichtsverein e.V., den Volksbildungsverein Friedberg e.V., die Bindernagelsche Buchhandlung (auch in der Buchhandlung, Kaiserstr. 72) und das Amt für kulturelle Angelegenheiten der Stadt Friedberg (Hessen),
Tel. 06031/88261.

Bildnachweis:

Atelier Rau
Europaplatz und Landratsamt in Friedberg.

Winfried Eberhardt
Friedberg: Burgtor zur Stadt hin; Blick über die Dächer der Altstadt; Geschnitzter Rähm eines Fachwerkhauses der Altstadt; Evangelische Stadtkirche von außen; Viehprämierung auf dem Herbstmarkt; Jüdischer Friedhof an der B 3 zwischen Friedberg und Ober-Wöllstadt; Burgtor zur Stadt hin; Blick von der Seewiese zum Adolfsturm; Blick durch das Burgtor in die Kaiserstraße; Blick vom Turm der Stadtkirche auf Kaiserstraße und Burg.
Stadtteile: Kirche von Bauernheim; DB-Haltestelle in Dorheim; Blick auf Ockstadt.
Wetterau: Kunstgießer vor dem Kunstgußmuseum in Hirzenhain.

Georg Eurich
»Seufzerbrücke« in Florstadt-Staden.

Joachim Feist
Innenansicht des Bibliothekszentrums Klosterbau in Friedberg.

Michaela Gruber (VWAT Wiesbaden)
Außenansicht des Bibliothekszentrums Klosterbau in Friedberg.

Harald Herbert
Friedberg: St. Alban im Torbogen (Kaiserstraße 120); Portal des Alten Rathauses; Sakramenthäuschen in der Evangelischen Stadtkirche; Blick in die Engelsgasse; Rosental-Viadukt; Augustinerschule.
Stadtteile: Alte Mühle an der Wetter in Bruchenbrücken; Zuckerfabrik in Fauerbach; Wäldchestag in Ossenheim; Görbelheimer Mühle.
Wetterau: Sprudelhof in Bad Nauheim; Limesturm; Johanniter-Klosterkirche zu Nieder-Weisel; Ruine des Zisterzienserklosters Arnsburg; Prunkgrabmal des Freiherrn Georg Philipp Löw zu Steinfurth; Prämonstratenser-Klosterkirche zu Ilbenstadt.

Claus Knobel
Hauptgebäude der Fachhochschule Gießen-Friedberg.

Peter Kynast
Friedberg: Altes Hallenbad; Römische Badeanlage.
Wetterau: Burg Münzenberg; Schloß Assenheim; Basilika zu Geiß-Nidda.

Dieter Leistner
Judenbad in Friedberg.

Peter Mrosek
Katholische Marienkirche in Friedberg.

Horst Schüßler
Elvis Presley.

Dieter Wolf
Marktplatz in Butzbach.

Deutsche Luftbild
Burg Friedberg (Archiv Nr. 6/53 372).

Henry-Benrath-Archiv im Bibliothekszentrum Klosterbau
Henry Benrath.

Kurverwaltung des Hessischen Staatsbades Bad Salzhausen
Historisches Wasserrad.

Landesamt für Denkmalpflege Hessen, Arch. und Paläont. Denkmalpflege
Der Glauberg (A.D.i.H. Nr. 51).

Stadtarchiv Friedberg im Bibliothekszentrum Klosterbau
Adolfsturm (Titelbild); Evangelische Stadtkirche (Innenraum); Schnitt durch das Judenbad, aus: Georg Moller (Hrsg.), Denkmäler der deutschen Baukunst in drei Teilen, 1816–51; St. Georgsbrunnen und Burggrafiat; Sir Ernest Oppenheimer, aus: Edward Jessup, Ernest Oppenheimer. A Study in Power. London 1979; Bischof Dr. Albert Stohr, aus: Herrmann Berg, Bischof Dr. Albert Stohr, Mainz 1990; Fritz Usinger; Ernst E. Hirsch; aus: Ernst E. Hirsch, Liber Amicorum, Amriswil 1977; Wolf Schmidt; Zar Nikolaus II (1910).

Wetterau-Museum
Museumsschild; Provinzialrömische Abteilung; Dauerausstellung »Von der Sichel zur Dreschmaschine«; Spätmittelalterliche Abteilung.

Wir machen den Weg frei
Vermögenswerte sicher und rechtzeitig übertragen.
Wer seine Erbschaft richtig regelt, erspart seiner Familie Steuern und Streit. Wir helfen Ihnen, Vermögen optimal zu übertragen und Ererbtes gewinnbringend anzulegen.
B 760
Wetterauer Volksbank eG

MUSICALS • THEATER • KONZERTE • MESSEN • SPORT
BEI UNS HABEN SIE GUTE KARTEN
Kartenvorverkauf
MESSERSCHMIDT
Färbergasse
(in Joh's Schuhmarkt)
61169 Friedberg
Tel.: 0 60 31/53 55
Mo., Di., Do., Fr.
9.00 bis 13.00 Uhr und
14.00 bis 18.00 Uhr
Mi. 9.00 bis 13.00 Uhr